江西财经大学财税与公共管理学院
财税文库

中国印花税与印花税票史

戴丽华 黄思明
著

中国财经出版传媒集团
中国财政经济出版社

图书在版编目(CIP)数据

中国印花税与印花税票史/戴丽华，黄思明著．
--北京：中国财政经济出版社，2019.11
ISBN 978-7-5095-9322-6

Ⅰ.①中⋯ Ⅱ.①戴⋯②黄⋯ Ⅲ.①印花税—财政史—中国②印花税—票据—财政史—中国 Ⅳ.①F812.9

中国版本图书馆CIP数据核字（2019）第233610号

责任编辑：彭　波　　　　　责任印制：史大鹏
封面设计：陈宇琰　　　　　责任校对：胡永立

中国财政经济出版社 出版

URL：http://www.cfeph.cn
E-mail：cfeph@cfemg.cn

（版权所有　翻印必究）

社址：北京市海淀区阜成路甲28号　邮政编码：100142
营销中心电话：010-88191537
北京时捷印刷有限公司印装　各地新华书店经销
710×1000毫米　16开　14.5印张　200 000字
2019年11月第1版　2019年11月北京第1次印刷
定价：98.00元
ISBN 978-7-5095-9322-6
（图书出现印装问题，本社负责调换）
本社质量投诉电话：010-88190744
打击盗版举报热线：010-88191661　QQ：2242791300

总　序

习近平总书记在哲学社会科学工作座谈会上指出，一个国家的发展水平，既取决于自然科学发展水平，也取决于哲学社会科学发展水平。坚持和发展中国特色社会主义，需要不断在理论和实践上进行探索，用发展着的理论指导发展着的实践。在这个过程中，哲学社会科学具有不可替代的重要地位，哲学社会科学工作者具有不可替代的重要作用。

习近平新时代中国特色社会主义思想，为我国哲学社会科学的发展提供了理论指南。党的十九大宣告："经过长期努力，中国特色社会主义进入了新时代，这是我国发展新的历史方位。"中国特色社会主义进入新时代，意味着近代以来久经磨难的中华民族迎来了从站起来、富起来到强起来的伟大飞跃。新时代是中国特色社会主义承前启后、继往开来的时代，是全面建成小康社会、进而全面建设社会主义现代化强国的时代，是中国人民过上更加美好生活、实现共同富裕的时代。

江西财经大学历来重视哲学社会科学研究，尤其是在经济学和管理学领域投入了大量的研究力量，取得丰硕的研究成果。财税与公共管理学院是江西财经大学办学历史较为悠久的学院，学院最早可追溯至江西省立商业学校（1923年）财政信贷科，历经近百年的积淀和传承，现已形成应用经济和公共管理比翼齐飞的学科发展格局。教师是办学之基、学院之本。近年来，该学院科研成果丰硕，学科优势突显，已培育出一支创新能力强、学术水平高的教学科研队伍。正因为有了一支敬业勤业精业、求真求实求新的教师队伍，在教育与学术研究领域勤于耕耘、勇于探索，形成了一批高质量、经受得住历史检验的成果，学院的事业发展才有了强大的根基。

为增进学术交流,财税与公共管理学院推出面向应用经济学科的"财税文库"和面向公共管理学科的"尚公文库",遴选了一批高质量成果收录进两大文库。本次出版的财政学、公共管理两类专著中,既有资深教授的成果,也有年轻骨干教师的新作;既有视野开阔的理论研究,也有对策精准的应用研究。这反映了学院强劲的创新能力,体现着教研队伍老中青的衔接与共进。

繁荣发展哲学社会科学,要激发哲学社会科学工作者的热情与智慧,推进学科体系、学术观点、科研方法创新。我相信,本次"财税文库"和"尚公文库"的出版,必将进一步推动财税与公共管理相关领域的学术交流和深入探讨,为我国应用经济、公共管理学科的发展作出积极贡献。展望未来,期待财税与公共管理学院教师,以更加昂扬的斗志,在实现中华民族伟大复兴的历史征程中,在实现"百年名校"江财梦的孜孜追求中,有更大的作为,为学校事业振兴做出新的更大贡献。

江西财经大学党委书记

2019年9月

序

  1624年，面对巨大的财政压力，荷兰的执政统治者摩里斯（Maurs）提出用增加税收的办法来解决财政困难。然而，当时荷兰人民的税收负担已经不轻，再增加税收又怕人民起来反对。于是，摩里斯便采用公开招标的办法，以重赏来寻求新税设计方案，并最终确定实施一种以商事产权凭证为征收对象的印花税。最初，其征收的形式是由纳税人持应税凭证到政府指定的地点缴纳税金，政府机关在缴纳后的凭证上用刻花滚筒推出"印花"戳记，以示完税，印花税因此得名。印花税在荷兰一经开征，由于有取轻用宏和简便易行的特点，就被广泛认可，因而世界各国竞相效仿。印花税票首次出现是在1854年，当时的奥地利政府在开征印花税后，对印花税票进行了重要改革，印制发售了一种与邮票非常相似的印花税票，由纳税人自行购买贴在应纳税的凭证上，并在税票上盖戳以示完成纳税义务。这一做法又受到各印花税开征国家的争相效仿，到目前为止，世界上大多数国家印花税的完税方式都是贴用印花税票。

  印花税在我国的清政府晚期开始开征，是我国引进的第一个西洋税种，至今在中国开征已有100多年的历史，因此印花税票在我国的发行历史也有100多年。历史是最好的教科书，各个时期的印花税票既是当时的税收专用凭证，又由于其丰富的历史文化内涵具有鲜明的时代特征，折射出各个时期的政治、经济、税收制度状况和社会演进。对各个时期印花税票的发展历史进行梳理，能够让我们更加清楚地认识税制变迁的过程，从而为我们当前税制改革提供借鉴。

  从清代的双龙戏珠图印花税票和云龙风景图印花税开始，我国的印花税票承载着丰富而厚重的历史文化内涵，在税票种类、题材、印刷、防伪以及纸张等方面也发生了翻天覆地的变化。清代的日本版双龙戏珠图印花税票和美国版云龙风景图印花税既体现着封建帝王气息，又带有西方国家的文化烙印，如双龙戏珠图印花税票就与日本发行的纸币非常相似，体现了中西结合的半殖民地特征，更重要的是在国外印制的这一印制背景时刻提醒着我们当时中国的落后。1949年中华人民共和国成立后，随即开展了统一的新税制的构建，迅速结束了当时税制混乱的局面。新税制是以社会主义改造和计划经济为背景的复合税制，较好地适应和促进了新中国成立初期经济社会发展，保证了新中国初期建设的资金需要。中华人民共和国第一套以国旗地球图（无地名、无齿）印花税票正式发行，以一种崭新的姿态告诉世人新生的中国政权的诞生，随后印花税票也呈现出国家大力发展生产的欣欣向荣场面，如鸽球图印花税票和机器图印花税票体现的是我们人民热爱和平、发展生产、建设美好家园的愿望。

1988年，国家开始恢复开征印花税，印花税票的面貌也焕然一新，呈现出新的时代特征。自2001年起，国家税务总局参照邮票印制和发行方式，每两年对印花税票改版一次。这一时期发行的以"四个现代化"和国家重点建设项目为题材的印花税票，体现了我们不断探索社会主义市场经济快速发展的路径及在经济体制改革中取得的重大成就。

党的十八届三中全会吹起了新时期改革发展的号角，《中共中央关于全面深化改革若干重大问题的决定》中有7处提到税改，其中指出："完善税收制度。深化税收制度改革，完善地方税体系，逐步提高直接税比重。推进增值税改革，适当简化税率。调整消费税征收范围、环节、税率，把高耗能、高污染产品及部分高档消费品纳入征收范围。逐步建立综合与分类相结合的个人所得税制。加快房地产税立法并适时推进改革，加快资源税改革，推动环境保护费改税"。在这一新时期，印花税票的题材更加精彩纷呈，既有体现中国元素的中国的世界遗产印花税票、青花瓷印花税票以及中国古代圣贤故事印花税票等，也有体现环境保护世界主题的环境保护印花税票及国家自然保护区印花税票等，还有体现地方特色北京胡同印花税票、徽州古村落印花税票、岭南钩沉印花税票、闽构华章印花税票以及荆关楚市印花税票等，以及体现新中国成立以来取得的一系列欣欣向荣成果并表达中国人民向往幸福生活美好愿望的牡丹呈祥图印花税票，体现中国人民伟大抗争历史的红色税收记忆印花税票。印花税票已经成为展示中国元素和中国悠久的税收文化的一张亮丽名片。在我国阔步迈向民族复兴的进程当中，印花税票和进一步完备的印花税制也一定会见证中国梦的实现！

作者

2019年9月

目录

第1章 印花税起源及在世界各国发行情况 ……………………… 1

    1.1 印花税在荷兰初创的具体情况 ………………………… 1
    1.2 奥地利第一套印花税票的诞生 ………………………… 2
    1.3 主要国家印花税票发行情况介绍 ……………………… 4

第2章 中国税收票证及印花税发展的历史演变 ……………… 26

    2.1 税收票证的历史渊源 …………………………………… 26
    2.2 印花税票概要 …………………………………………… 29
    2.3 清末印花税筹议和试行详情 …………………………… 31
    2.4 辛亥革命之后印花税开征情况 ………………………… 35

第3章 清代引进印花税的过程及印花税票的发行情况 ……… 39

    3.1 清代引进印花税的过程 ………………………………… 39
    3.2 双龙戏珠图印花税票 …………………………………… 40
    3.3 云龙风景图印花税票 …………………………………… 41

第4章 民国时期印花税票 ……………………………………… 43

    4.1 民国时期通用印花税票 ………………………………… 43
    4.2 解放区印花税票 ………………………………………… 57
    4.3 预印印花凭证 …………………………………………… 101

第5章 中华人民共和国成立初期印花税票 …………………… 105

    5.1 国旗地球图印花税票 …………………………………… 105

5.2　机器图鸽球图印花税票·····················108

第6章　改革开放后的印花税票·····················111

6.1　"四化"建设图印花税票·····················111
6.2　国家重点建设项目图印花税票·····················115
6.3　中国的世界遗产图印花税票·····················119
6.4　青花瓷图印花税票·····················124
6.5　保护环境图印花税票·····················128
6.6　国家自然保护区图印花税票·····················131
6.7　中国戏曲图印花税票·····················135
6.8　中国古代圣贤故事图印花税票·····················139
6.9　牡丹呈祥图印花税票·····················144
6.10　故宫珍宝图印花税票·····················147
6.11　中国古代税收思想家印花税票·····················153
6.12　明清榷关印花税票·····················157
6.13　红色税收记忆印花税票·····················158

第7章　改革开放后地方发行的印花税票·····················164

7.1　北京胡同印花税票·····················164
7.2　北京城门图印花税票·····················169
7.3　北京园林图印花税票·····················175
7.4　北京坛庙图印花税票·····················180
7.5　徽州古村落印花税票·····················185
7.6　陕西民间工艺美术印花税票·····················194
7.7　闽构华章印花税票·····················199
7.8　岭南钩沉印花税票·····················204
7.9　荆关楚市印花税票·····················210

主要参考文献·····················217

第1章　印花税起源及在世界各国发行情况

1.1　印花税在荷兰初创的具体情况

公元16世纪初，荷兰人民经过顽强的战斗终于摆脱了西班牙的殖民统治，建立了独立的荷兰共和国。建国后，荷兰的工商业有了很大发展，特别是航运业得到迅速发展。当时的荷兰造船业居世界首位，商船吨位占欧洲商船总吨位的3/4，船只遍布世界各地，有"海上马车夫"之称。荷兰凭借着庞大的船队和经济实力作后盾，一方面不断扩大对殖民地的掠夺，另一方面还要继续与以前的统治者西班牙帝国进行斗争。沉重的军费负担使得荷兰的财政支出猛增，国库极度空虚。当时执政的统治者摩里斯（Maurs）在1624年提出用增加税收的办法来解决财政困难。然而，当时荷兰人民的税收负担已经不轻，再增加税收又怕人民起来反对。于是，摩里斯便采用公开招标的办法，以重赏来寻求新税设计方案，谋求敛财妙计。在成千上万个应征方案中，最终确定一种以商事产权凭证为征收对象的印花税得以实施。在西方，许多经济学家认为国家税收就是想办法在鹅（即纳税人）身上拔更多的毛，而又争取让鹅叫得最少。印花税"取轻用宏"的特点正好与之相契合，这种税对契约、借贷凭证等各种单据征税，税源较广，因税率很低纳税人税收负担自然较轻，且最早缴纳印花税是到官府销印花戳，人们觉得相关业务和单据有法律保障，从而也愿意承受一定的负担。之所以称印花税，也由于这种税最初的征收的形式是由持有凭证的纳税人到官府确定的地方缴纳税金后，由官府在凭证上用刻花滚筒推出以示缴税的戳记（即印花）。

因当时荷兰商业发达，商人从事商业活动的契约、簿据较多，征收的手续简便，加之商民认为这些商业凭证由政府部门加盖公章在发生纠纷的情况下可以为政府裁判提供法律依据，也是对自己权益的一种保障，因而也乐于接受这种新税种，收效甚佳。因此，印花税逐步为其他国家效仿，成为税负轻微、税源畅旺、成本低廉的"良税"。

1.2　奥地利第一套印花税票的诞生

印花税由荷兰于1624年创办，最早的缴纳方法是由纳税人将应纳税凭证送到政府签证局签押，并在凭证上用刻花滚筒推出"印花"戳记以示完税。而印花税票的首次出现，却是在230年后的奥地利。奥地利政府开征印花税后，在1854年对"印花"进行了重大改革：印制发售了形似邮票的印花税票，由纳税人自行购买贴在应纳税凭证上，并规定完成纳税义务以在票上盖戳注销为标准。而后，印花税开征各国争相仿效。现在，大多数国家印花税的完税方式都是贴用印花税票，但还有像新加坡等国家依然沿袭由政府在税证上盖戳的旧习。

奥地利当时仿照邮票印发印花税票，除了方便纳税人交税外，最主要的原因是防伪。由于印花戳记比较容易仿冒，在发生很多伪造印花戳记的案件后，奥地利维也纳法院关注于更新印花戳记已有很长一段时间了，这种关注与激烈争论，促成了世界第一枚印花税票的诞生。从下面的数幅印花图可以看出付诸实施的印花税票最终是如何形成的：以下依次为1840~1854年奥地利使用的印花戳记（带有压花国徽浮雕图案）；1849年计划实施的新印花戳记（没有压花浮雕图案）；1853年计划实施的底部有树叶图案印花戳记（1853年由Auer设计）。而经过多次激烈的讨论，最终确定了世界上第一枚印花税票的样式（在1854~1858年印制使用）。

当时的奥地利为哈布斯堡帝国,其领土上的人民使用的是一种以 Conventions Munze 为单位面值的印花税票(首字母为C.M.,因此这种印花税票也叫C.M.税票。税票有按金币计和按弗罗林计两类面额,1弗罗林=60金币),在1854年11月开始使用时,即印制了全套21种必需面值的税票。因打齿孔的邮票在这一年1月28日首先由英国开始使用,几个月后奥地利的邮票也打上了齿孔,而世界上第一枚印花税票一开始就借鉴了齿孔技术。

可以说,世界上最早印花税票的设计和印制水准都较高。首先,税票的图案虽然风格相近,但每一枚又都有所不同,既通过其上的国徽标志体现了税收的国家属性,各种古典图案又有赏心悦目的艺术性;其次,税票

印制较精美，且打上了便于贴用的齿孔；最后，税票的面值多达21种，能够满足纳税人交纳不同税额的需求，这种综合税收与邮票双重特点而创设的税票与同一时期的普通邮票相比品种更加多样化，也更具专业化。

奥地利这套印花税票分别用手工和机制两种纸张印制，纸的颜色有白色和黄色，纸张也有薄有厚，还应用了单水印的制作方法，税票之间的齿孔为13.5~17个不等。这套税票的水印有两种：一种水印显示Reichle，另一种则显示SAEF。税票中间黑色部分是印制的第一道工序，且印制的图案是镌刻上去的，绿色部分则是印制的第二道工序。

这套印花税票使用了数年，直到1858年10月31日该国货币改革为止。因此，由于多次印刷，版式有一定差别，且到后面出现了版式侵蚀而使图案变得模糊的现象，如图中左边为正常税票，右边税票中的人头等部位明显模糊不清。该套税票中最稀有的是12弗罗林税票，它的发行量和存世量都很少。

1.3　主要国家印花税票发行情况介绍

1.3.1　美国印花税票的种类

美国的印花税票从种类来说，分为鉴证印花税票、农业印花税票、酒类产品印花税票、食品印花税票、查验印花税票、烟草印花税票等各种，从中可看出美国印花税在经济调节和社会管理当中所起的作用，如通过对酒类和烟草行业征收印花税限制这些行业的发展，通过对毒品种植和销售行业征收高额印花税遏制毒品蔓延的势头等。

1. 鉴证印花税票

美国联邦鉴证印花税票

1866年阿拉巴马州鉴证印花税票

2. 农业印花税票

1959年华盛顿州花卉茎球印花税票

1940年马里兰州促进苹果消费印花税票

3. 酒类产品印花税票

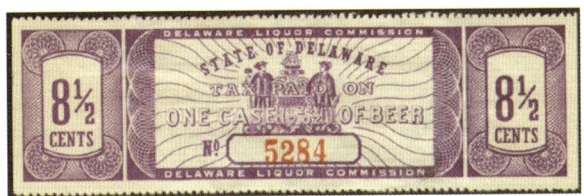
1953年特拉华州啤酒印花税票

哥伦比亚特区酒精饮料免税票

4. 食品印花税票

1931年衣阿华州人造奶油印花税票

1948年华盛顿州预印印花税票蜂蜜标

5. 查验印花税票

西弗吉尼亚州机动车通行印花税票

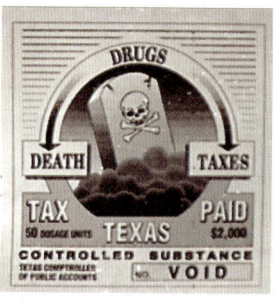

1989年得克萨斯州毒品控制印花税票

6. 烟草印花税票

2010年犹他州卷烟印花税票

1955年俄亥俄州卷烟印花税票

7. 其他印花税票

1866年路易斯安那州
彩票印花税票

1937年康涅狄格州床上
用品印花税票

1.3.2 美国印花税票的题材

美国印花税票从题材来说较为多样,但也不是漫无边际,一般都与国家、地域、政权、税收和征收对象等相关。美国印花税票的题材大致分为政权象征、名人、风景名胜、神话传说、生态环保、经济、国防、交通运输、建筑、文化艺术等。

1. 政权象征

1957年犹他州饲料
印花税票

1950年阿肯色州酒类
印花税票

2. 名人

美国哈里森总统像
印花税票

1897年夏威夷酋长
印花税票

3. 风景名胜

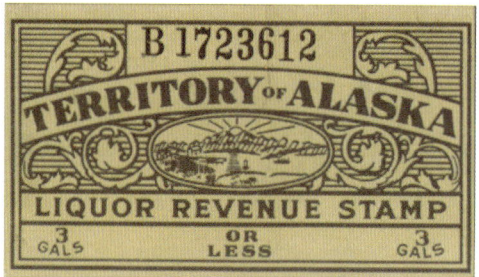

1937年阿拉斯加州风景印花税票

1967年内布拉斯加州
风景印花税票

4. 神话传说

美国1875年自由女神档案
税票

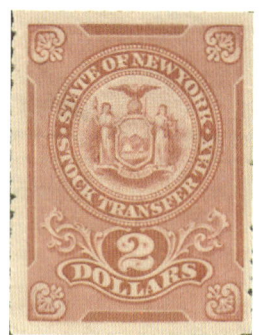

1907年纽约州正义女神
股票交易印花税票

5. 生态环保

美国候鸟狩猎印花税票（鸭票）

1937年田纳西州猎捕许可印花税票

6. 经济

1937年科罗拉多州货物查验税票

1947年爱达荷州广告印花税票

7. 国防

美国1898年战列舰50分税票

1900年弗吉尼亚州战争
图案文件印花税票

8. 交通运输

1907年密苏里州筑路基金印花税票

1945年新罕布什尔州烟草印花税票

9. 建筑

1933年印第安纳州麦芽和麦芽汁印花税票

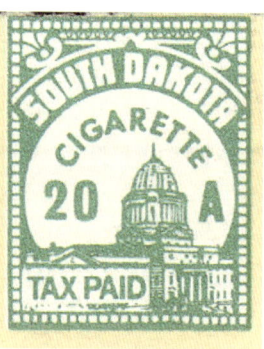

1970年南达科他州烟草印花税票

10. 文化艺术

1941年北卡罗来纳州古典艺术印花税票

1944年密歇根州吉祥物印花税票

1.3.3　英国印花税票

英国从1771年征收印花税，且邮票是1840年英国教师罗兰·希尔发明的，但仿照邮票印制的印花税票却是1854年由奥地利首先发明的，而且英国印花税虽然开征较早，但其印花税票的种类和题材相对来说较为简约，主要有如下几类。

1. 人物

主要是国王的头像，英国各个时期的印花税票多以该时期国王的头像为图案。

英国遗嘱检验法庭印花税票

英国婚姻诉讼案件印花税票

英国早期维多利亚女王印花税票

1902年爱德华七世印花税票

1921年乔治五世印花税票

1947年乔治六世印花税票

1975年伊丽莎白二世印花税票

2. 风景名胜

英属泽西城堡遗址印花税样票

英属泽西灯塔印花税样票

3. 国家标志与花纹图案

英国国旗印花税票样票

英国国徽印花税票

英国皇冠花纹公务印花税票

英国皇冠花纹印花税票

第 1 章　印花税起源及在世界各国发行情况

4. 试印样张

英国印花税票在印制过程中，常常会印制一些试印样张。

英国印花税票试印样张

5. 其他

英属特克斯群岛1998年　　　　英属泽西古金项
无线电百年印花税票　　　　　　圈印花税票

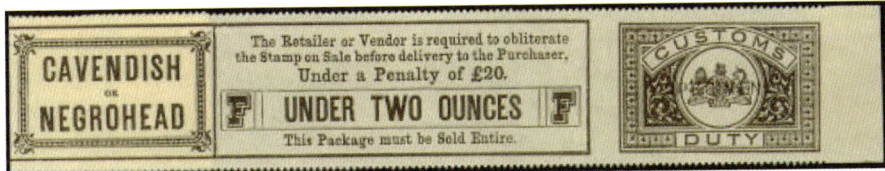

英国货物印花税票

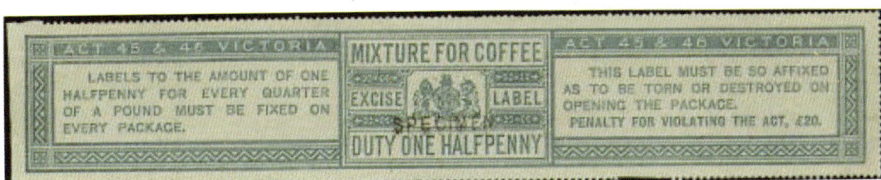

英国咖啡贸易印花税票

13

1876年电报印花税票20枚小版票样票

1.3.4 匈牙利印花税票

匈牙利在19世纪中叶还处于奥地利哈布斯堡王朝的统治之下，1867年实行自治，1918年独立。匈牙利在自治前使用的是奥地利哈布斯堡王朝印花税票，由于奥地利哈布斯堡王朝发明了世界上第一套印花税票，因此匈牙利也是世界上使用印花税票最早的地区之一。匈牙利印花税票的题材主要有以下几种。

1. 政权象征

匈牙利1868年皇冠
印花税票

匈牙利1965年徽志
印花税票

2. 古典绘画

匈牙利1867年古典绘画印花税票

匈牙利1870年古典绘画印花税票

3. 神话人物

匈牙利1873年天使印花税票

匈牙利1922年正义女神印花税票

4. 古代统治者

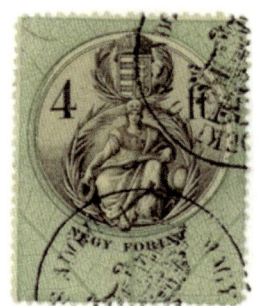
匈牙利1867年国王印花税票

匈牙利圣伊斯特凡大公印花税票

5. 花卉

匈牙利1862年花卉
印花税票

匈牙利1873年金属花纹
印花税票

6. 建筑

匈牙利1923年城堡
印花税票

匈牙利交易所大楼
证券税票

7. 其他

匈牙利1873年民族服饰
印花税票

匈牙利1873年麦穗
印花税票

匈牙利1914年战争印花税票　　匈牙利1926年交通印花税票

1.3.5　日本印花税票

日本印花税从明治维新时期的1873年就学习西方先进的税收制度，开始征收取轻用宏的"世之良税"印花税，并发行使用印花税票，这在亚洲独立的国家中是较早的。其名称除了叫印花税票外，更多的是叫收入印纸，还有的按印花种类称为证券印纸、登记印纸等，分别贴在不同类型的文书或票据之上。

日本印花税票的主要题材带有鲜明特色，即以花卉为主，而花卉图案中最主要的是菊花，其次是樱花。

日本早期菊花图证券印纸　　日本早期收入印纸

日本樱花图收入印纸

日本向阳花图收入印纸

日本花纹图案收入印纸

日本印花税票中很有意思的是在1973年发行过日本印纸制度100年纪念收入印纸，同时还发行了纪念封。

日本印纸制度100年纪念收入印纸及纪念封

日本印花税票中还有一个很有特色的地方，就是有的印纸上直接印制"此印纸于致赝造者可处严刑"字样，宣示印花税法的严肃性，防范伪造印花税票。

日本印制严惩伪造印纸可处严刑字样的收入印纸

1.3.6 印度印花税票

近现代,印度经历了英国殖民、自治时期和共和国时期,这几个时期印度的印花税票各有特点。

1. 英国殖民时期印度的印花税票

1849年,英国东印度公司成功掌握了印度全境的统治权,只余少数地区由葡萄牙及法国统治。英国殖民时期印花税票的特点与英国本土类似,即基本上是以各个时期英国国王头像作为印花税票图案的。如18世纪下半叶英属印度印花税票的图案基本都是英国女王兼印度女王的维多利亚的头像,20世纪初中期则是英王乔治五世和乔治六世头像。

英属印度维多利亚女王头像印花税票

英属印度爱德华七世头像印花税票

2. 印度自治时期的土邦印花税票

1947年,英国提出蒙巴顿方案,同年8月15日,印度在与巴基斯坦分治后实现独立,但仍然留在英联邦内。这时期的印度不少土邦发行了印花税票,这些印花税票很有地域特色。

印度土邦人物像印花税票

印度土邦伐木许可印花税票

3. 印度共和国印花税票

1950年1月26日,印度宣布成立印度共和国,但仍为英联邦成员国,不过最高领导人为印度总统,而不是英国国王。印度共和国时期的印花税票题材较丰富,既有以国家象征如国徽三狮图为题材,也有以人物为题材,还有以美丽装饰花纹为题材等。

印度运输图印花税票

印度花纹图印花税票

印度国徽三狮图印花税票

1.3.7 其他国家印花税票

世界上其他国家的印花税票从题材上看,较为丰富,有国家徽志、历史、人物、古迹、风景名胜、神话传说、生态环保、民生发展、战争、交通、建筑、文化、艺术等多种题材。

1. 国家徽志

此类题材在各国都较为常见,这主要是由于税收与国家和政权的紧密关系。

苏联1919年印花税票

津巴布韦1980年国徽印花税票

2. 历史

伊拉克早期巴比伦城伊斯塔门印花税票

3. 古迹

埃及1895年金字塔印花税票　　阿根廷1912年印花税票

4. 风景名胜

挪威1971年观光印花税票　　叙利亚十字军城堡税票

5. 神话传说

葡萄牙古典印花税票

法国1901年税邮两用票

6. 生态环保

挪威1960年燕子印花税票

加拿大1885年印花税票

7. 民生发展

叙利亚抱麦穗的妇女印花税票

苏联1925年耕作图印花税票

8. 战争

法国1942年印花税票

意大利武士
印花税票

9. 交通

法国1945年轮船印花税票

苏联1965年交通通信印花税票

10. 建筑

西澳大利亚1904年印花税票

法国1916年印花税票

11. 文化

泰国佛像印花税票

挪威1971年印花税票

12. 艺术

韩国石狮印花税票　　　德国拜恩公国1870年古典印花税票

13. 人物

越南胡志明印花税票

西班牙1883年阿方索十二世印花税票

14. 地理标志

加拿大枫叶印花税票

伊拉克早期巴比伦狮印花税票八枚

第2章 中国税收票证及印花税发展的历史演变

2.1 税收票证的历史渊源

历史是最好的教科书。中国自出现税票以来，各个时期的税票既是当时的税收专用凭证，又由于其丰富的历史文化内涵具有鲜明的时代特征，折射出各个时期的政治、经济、税收制度状况和社会演进。每个时代的税票都是历史的缩影，对认识税制变革、民生社会和以史为鉴促进当代社会科学发展有较为深刻的启迪。

税票，又称为税收票证，是指与税收相关的收款、减免、查验、核定和退款等凭证。中国古代征收赋税，自春秋至明代早期造册征收，据记载至明中叶以后，税票才越来越多地出现。

古代据以征税的清丈鱼鳞册

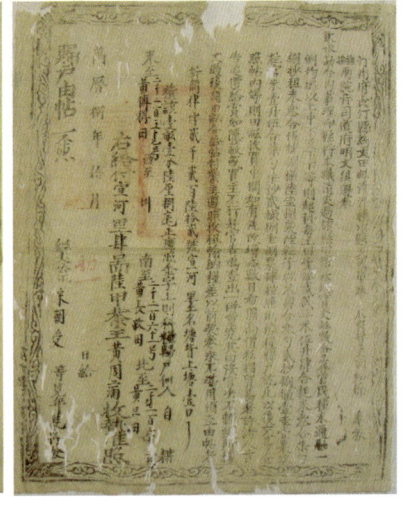

明万历八年归户由帖
（土地使用权属的凭证）

第 2 章 中国税收票证及印花税发展的历史演变

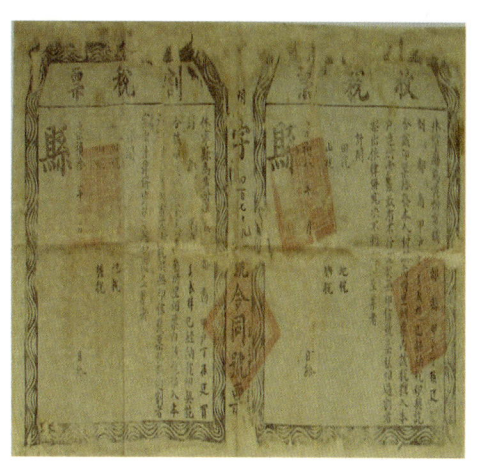

明崇祯十年收税票和割税票（进行产权过割的一种税收凭据）

明崇祯九年察院契尾（契尾是官府发给产权所有人购买田地、山塘、房产等的产权和交纳契税证明，具有最初的印花税票性质）

清代税票木印版

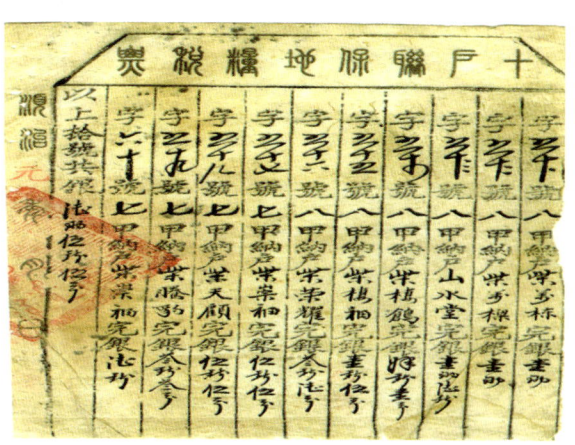

清顺治元年十户联保地粮税票

清康熙六十年契约附业户收税票和割税票

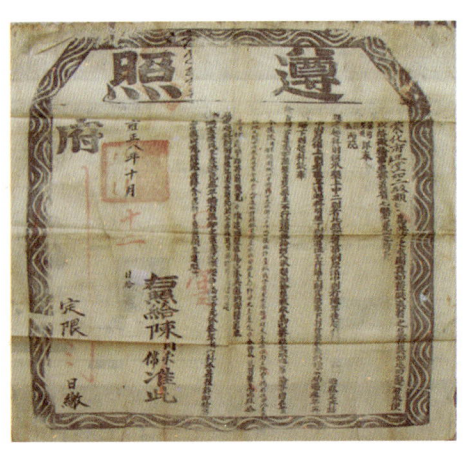

清雍正八年明确垦荒免税的遵照

清嘉庆四年分别盖红色和蓝色官印的契尾

清末印花税票

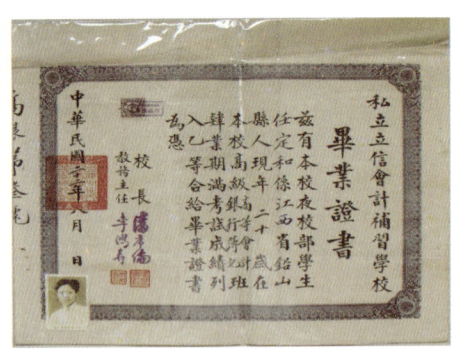

贴民国税票的毕业证书

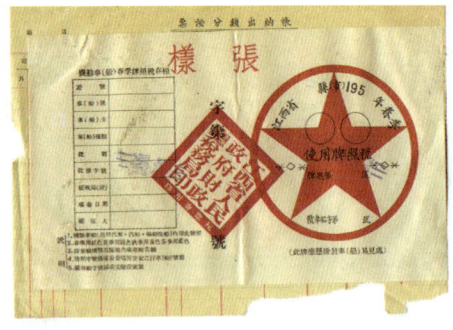

新中国税票样张

改革开放后国家重点建设图印花税票

由上述不同时期的税票可以看出，经过时间的洗礼，印花税票由于它的设计精美，又不失历史的积淀，且与富有收藏价值的邮票非常相似，因而越发受到广大的学者及收藏家的青睐，在每次的国际邮展（税票展）中都备受瞩目。

2.2 印花税票概要

印花税是一个古老税种，创始国荷兰1624年在广泛征询民间建议的基础上，确定实施了一种以商事产权凭证为征收对象的税，由于缴税时是在凭证上用刻画滚筒推出"印花"戳记以示完税，因此被命名为印花税。由于印花税有取轻用宏的良税特征，世界各国随后竞相效法，目前世界上已有100多个国家和地区开征了印花税。中国从清末开始试行印花税，民国时期正式实施，至今已有100余年的历史。而作为印花税纳税凭证的印花税票，其历史则没有这么早，直到印花税实施230年后第一张印花税票才诞生。1854年，奥地利政府印制发售了形似邮票的印花税票，由于贴用印花税票完税方便实用，这种完税方式迅速得以推广。现在，大多数国家印花税的完税方式都改变为贴印花税票，但还有新加坡等国家依然沿袭由政府在税证上盖戳的旧习。中国清政府为了实行印花税制，曾分别于1903年在日本、1908年在美国两次印制印花税票。中华民国成立后，中国得以正式开征印花税，陆续印制发行了长城图、嘉禾图、孙中山像、联运图等多套印花税票。在此期间，中国共产党领导的各革命根据地、解放区也印制了多种印花税票。中华人民共和国成立之初，即先后发行了旗球图、机器鸽球图印花税票，并一直使用到1958年印花税简并为止。改革开放以后，为适应经济发展形势，国家于1988年恢复征收印花税，国家税务总局印制发行了新中国第三套印花税票，以建设图为图案。随着我国经济社会的深入发展和印花税票收藏热的兴起，从2001年开始，国家税务总局顺应各方建议，决定定期对印花税票进行改版，参照邮票体例选题，发行集使用性、宣传性、艺术性、观赏性于一体的新版印花税票。这既体现了国家有关部门对印花税票越来越重视，也反映了印花税票的重要作用，顺应了广大收藏爱好者和社会对印花税票的爱好与关注。这些新版印花税票的题材涵盖面广，既有建设成就，又有中国的世界遗产、艺术精品、环境保护、戏曲、历史典故等，而且设计美观，印刷精致，品种多样，不仅起到了纳税凭证的作用，还深受广大收藏爱好者喜爱，并被作为国家对外友好交往的高雅礼品。即使在世界范围内，中国当代印花税票的长足发展都深具其独特魅力。

随着印花税票品种的不断丰富，社会对印花税票越来越关注，深化印花税票研究也变得越来越迫切。除了对中国各时期印花税票进行比较研究外，更有必要开展中外印花税票的比较研究。我国印花税及印花税票首先是通过学习先进国家的税制和管理经验产生和发展起来的。外国印花税票经过160年的发展，其题材和种类十分丰富，涵盖国家标志、领袖人物、发展建设、风土人情、历史文化、重大事件等各个方面，很值得当代中国在印花税票选题时充分参考和借鉴。通过对印花税票开展比较研究，探讨中外印花税票在各方面的异同，有利于相互借鉴，取长补短。通过对清代、民国、革命根据地、新中国等各个时期的印花税票进行分析，厘清中国印花税票发展变革的脉络。在此基础上，充分吸取古今中外印花税票选题经验和现代发展元素，建立起新时期分类印花税票题材库，更好地探寻印花税票改进和完善途径，推动印花税与印花税票的发展。

印花税的缴税方式经过在凭证上用刻画滚筒推出"印花"戳记以示完税到贴用印花税票的过程，而印花税票发明后，由于贴用印花税票完税方便实用，这种完税方式迅速得以推广，也推动了印花税的发展。中外印花税票在种类、题材、设计、印刷、防伪、纸张等各方面既有相似之处，又不尽相同，与各自的历史、文化、地域等密切相关。而中国从清末开始使用印花税票，清代、民国、革命根据地、新中国等各个时期的印花税票特点鲜明，又有一定的传承性。通过对印花税票进行比较研究，总结历史上各个时期印花税票印制发行的经验教训，做到中外相互借鉴，有利于印花税票不断改进和完善，以更好地发挥出印花税票的作用。

2.3 清末印花税筹议和试行详情

中国筹议和试行印花税是从清末开始的。由于清末内忧外患，财政日绌，渐渐走到举步维艰的地步。为了维持清王朝的统治，并且偿还对外赔款，清政府不断在原有捐税的基础上加大征税幅度，并想方设法开设新的税种。印花税作为中国效仿西洋税制的第一个税种，便被提到清廷的议事日程。在清廷政府官员积极探索开拓新税源的过程中，早期西方财税理论的逐渐传入使他们了解到印花税是西洋各国所通行的税种且收效甚好，于是皆非常青睐于印花税，这也是印花税成为我国引进的第一个西洋税种的重要原因。早在1889年，李鸿章为了筹措扩建海军的军饷就曾上奏朝廷倡议仿行印花税。他在奏折中称："经费之难，几于无可设措。惟有仿照外国筹费之法，酌开周转之饷源，庶不虞其无继。查有印花税一法，西洋各国通行，传闻英国每年征税可得英金五千三百余万圆，法国征税可得二千七百余万圆。洋商之在外国者，奉行惟谨。中国如仿照办理，可先试行于各口之洋商，并与洋商贸易之华商，一切银票、收单、税单、揽载单子、口税三联单、护照、电报、契券之属以国家印花纸为凭。其纸由臣衙门仿照西式，用机器制成，汇发各省，由各该督抚转饬办理，按年复销。若日久行之无弊，再推广于内地。倘积有成效，专备海军之用。此事须全照西法办理，方能收效。其与中国政体间有不合者，拟设法变通，总期有益无弊。"[①]这份奏折虽然得到清政府重视，并交由有关部门商议，但最终

---

① 《皇朝道咸同光奏议(光绪朝朱批奏折)》，第七十七辑，台北商务印书馆1960年影印版，第248页。

遭到总税务司赫德的反对，认为当时并不具备开征条件，各国（即西方列强）必不允从。因此，倡议印花税的建议就此搁置起来。

中日甲午战争后，清政府被迫签订了《马关条约》，其中战争赔款达两亿三千万两白银。且当时清廷的财政亏空早已异常严重，为了筹集巨额的赔款，光绪二十二年（1896年），御史陈璧上疏朝廷，建议引进西方税制，开征印花税。他的奏折中这样写道："善后之诸大端陆续待办，皆不容缓，于此欲求岁筹巨款确有把握，不病商扰民之策，则惟有仿行印税一法而已。"[1]虽然陈璧的这一奏书并没有获得朝廷的批准，但是其影响深远，许多著述都把陈璧当作是中国倡办印花税的第一人。同年，江苏补用道程仪洛也上奏《印花条议》，建议清廷从1900年所有账单一律开征印花税，并陈述了开征印花税的十大便利条件。即："此项印纸常寄售于镇市铺处，随处可买，无留难之苦；印纸中具刻钱数一目了然，绝无蒙混之弊；印纸悉颁自户部，应收税款即按颁出之数核收，毫无侵蚀之患；各省分局除设员按时稽查各铺户帐簿之外，别无检核骚扰之端；严立章程之后听人自行贴用，无督责催促之事；商贾常购印纸备用，其税课皆入官，无征求勒索之病；一切契据无印纸者，遇有讼事官为不理，则人皆不肯吝小费以贻后患；货财交易之事，必有一二人与其间，受者同罚、告者给赏（赝造印纸及所粘印纸不足税额者，告发之人审实以罚金之半赏之），人又不肯惜微费以取重罚；常税及厘金皆在未卖货之先，而此税则在买卖既成之后，民尤乐从；外国人与华商交易者，华商亦贴印纸，谓之自完国税，是外国人亦必暗纳此税。"[2]程仪洛的奏折不单单是开征印花税建议，从他指出的开征印花税十大益处还可以看出，此时的建议不再停留在原来的"纸上谈兵"层面上，而是对印花税的征收环节有具体行之有效的设想，初具印花税则形式，具有很强的现实意义，对后来开征印花税非常有指导作用。

1898年，维新变法领导人康有为两次向清廷上《应诏统筹全局折》和《奏请裁撤厘金折》，建议清政府推行印花税。同年，谭嗣同著《试行

---

[1] 《皇朝道咸同光奏议》，卷十一，台北商务印书馆1960年影印版，转引自段志清、潘寿民编著：《中国印花税史稿》（上册），上海古籍出版社2007年版，第11页。

[2] 刘锦藻编纂：《清朝续文献通考》（卷四七），考8015，商务印书馆1955年版。

印花税条说》发表在《湘报》上，称印花税为"最合中国之古法"，并列举出开征印花税的"八利"，认为"八利具而厘金之弊去，弊去而上下交足焉"。同时还提出了推行印花税制度的具体程序和实施办法。①1899年，钦差大臣伍廷芳向朝廷奏《请仿行各国印花税折》，奏请推行印花税，当时引起了朝廷的重视。为了方便仿行印花税，清廷还督促各出使大臣向各国驻华使臣收集各国印花税章程，为试办做准备。《辛丑条约》签订后，清政府不得不向西方列强赔款4.5亿两白银，折合成本息达9.8亿两白银，清廷不得不以关税和盐税作抵押。清政府的财政被帝国主义所操控，使其丧失了重要的财政来源。1901年，为了让清政府早日筹足向西方列强的赔款，海关总税务司英国人赫德曾提议开征印花税，并认为印花税要依照邮局邮寄的办法，由外国造出印花税票按期送到中国，再分寄各地贴用。同年，湖广总督张之洞、两江总督刘坤一联合上奏《遵旨筹议变法，谨拟采西法十一条折》，其中的第八条就是推行印花税。②

此外，直隶候补道陆树潘在1902年也曾提议，停征房捐和丁税，改征印花税。这次建议得到了清廷的高度重视，也使得十余年来推行印花税的建议有了实质性的突破。当年，清政府外务部及户部联合提出《遵议试行印花税并原拟办法七条疏》，决定根据中国的具体情况仿行印花税，首先从沿海、沿江及省城开始试办，如果收效较好则向全国进行推广。光绪二十八年（1902年）十二月，清政府正式批准时任北洋大臣直隶总督的袁世凯在直隶地区先行试办印花税。这应该就是印花税第一次得到清政府正式批准，得以试办的确切时间。③然而，由于商民对印花税为何种税种并不了解，常与苛捐杂税混为一谈，纷纷群起抗捐；试行地区征收机关对开征印花税的确切范围不明确，官吏借机横征暴敛，勒索民财的现象比比皆是；加之朝廷各部大臣对是否应开征此税仍存有异议，首次试行印花税在开征数月后不得不被叫停了。据李向东博士的说法，首次试行的时间为

---

① 蔡尚思、方行编：《谭嗣同全集》（增订本），中华书局1998年版，第413-415页。

② 段志清、潘寿民编著：《中国印花税史稿》（上册），上海古籍出版社2007年版，第12-13页。

③ 段志清、潘寿民编著：《中国印花税史稿》（上册），上海古籍出版社2007年版，第14-16页。

光绪二十八年十二月初六日（1903年1月4日）至光绪二十九年三月十四日（1903年4月11日）。①光绪三十三年（1907年），禁烟运动发起，鸦片收入急剧下降，为了弥补禁烟运动带来的鸦片收入损失，清政府曾颁布了《印花税则15条》和办事章程12条，由于袁世凯的积极筹备，度支部决定拟在第二年（即光绪三十四年，1908年）八月率先在直隶试办印花税。然而。照会天津商会后，导致天津商会的反对而改为宣统元年（1909年）在各省施行。但又因为各省督抚纷纷上奏请求缓办，清政府只有表示对开征印花税应采取慎重的态度，不可贸然举办。②这就是清廷第二次试行印花税的过程。由于受各方的阻力，此次试行也没有得到进一步的推广。直至1911年辛亥革命的爆发，清政府的垮台，印花税也未在全国得以普遍开征。

　　由此看来，印花税在清末经历两次试办始终限制在比较狭小的区域，难以推广实施，从税收本身考虑，其根本原因是当时经济发展程度有限，商业不够发达，契约社会没有完全形成，民力不足以承受过多的税赋。③另外，开征印花税有其深刻的政治原因，清政府之所以这么热衷于试行印花税主要是基于弥补巨大的财政亏空考虑的，增加国家的税收总数是其最终目的。因此，政府在设置印花税之前不仅没有真正实现裁并、去除苛捐杂税，而仅仅是以印花税抵补洋土药税考虑，立新而不废旧必然导致商民的反对。④另外，受半殖民地半封建社会的社会性质所限，清末的财政也具有明显的半殖民地半封建性质，西方列强对如何瓜分和控制中国时常各怀鬼胎，有时又服从于利益均沾的"大局"，而苟延残喘的清廷百般讨好帝国主义，对任何一方都不敢随意怠慢，以换取它们的支持，因此，西方列强的建议经常左右着清政府统治者的决策，体现在对中国试行印花税问题上十分突出。此外，对于是否开征印花税，清廷内部的意见也存在不同声音。一方是有出国留洋经历且受西洋财税理论影响较深的维新派（以江苏补用道程仪洛及康有为、谭嗣同等为代表），他们比较激进地鼓吹印

---

① 李向东：《印花税在中国的移植和初步发展》(1903–1927)》，中国知网中国博士学位论文全文数据库，华中师范大学博士学位论文，2008年，第65页。
② 蔼庐："印花税之理论与实际"，《银行周报》1929年第13卷第21期。
③ "各国与中国开办印花税之比较"，《申报》（时评）1911年10月17日。
④ "反对印花税之研究"，《申报》（评事）1911年10月5日。

花税制的诸多益处，忽视了中国当时的特殊国情，认为开征印花税是一种可以让政府永绝财政亏空后患的绝佳选择；另一方则是传统的保守派（这些人主要集中在清廷的最高层，以摄政王载沣、度支部载泽及张之洞等人为代表），他们普遍认为试行印花税实属因为弥补国家财政亏空不得已而为之的下策，如若时间长久必将使得民力乏困，不堪重负，商民必将群起抗捐，势必会使早已岌岌可危的清政府面临内外矛盾夹击的状态，危及其统治地位，这些正是当时他们最担心的事，因此对将印花税进行全国推广的前景并不乐观。且从印花税则的制定过程来看，清末印花税法则出台仓促，属应急措施，具有临时性和过渡性的强烈色彩，缺乏立法的透明度和科学性，难以得到普遍认同。

2.4 辛亥革命之后印花税开征情况

1912年中华民国成立，北洋政府决定将清末酝酿已久的印花税付诸实施。同年10月21日，经北京参议院决定，临时大总统袁世凯以教令公布《印花税法》十三条，列举契约、账簿、提货单据等26种凭证为其纳税对象。10月30日，财政部在印制局印制长城图印花税票五种。12月11日，财政部颁布《印花税细则》，12月26日，财政部补充认定国税厅筹备处、海关监督、常关督为分发行所。1913年2月17日，财政部议定印花税于3月1日首先在京师、直隶等实行，其他省以票到30日内为实行期，至此遇到重重阻碍的印花税终于施行了。1915年12月9日，袁世凯决定称帝，另改中华民国5年为洪宪元年。为此，筹印"中华帝国""大中华帝国"名号印花税票多种，后因帝制失败，未发行。从此便逐渐进入军阀混战的局面，各军阀为保证自己的财政收入，纷纷自行印制印花税票发行使用以保证其税源。1917年9月10日，中华民国军政府在广州成立，孙中山任陆海空大本营大元帅，军政府随后设立财政部自行印发印花税票。同年，云南省政府开始自制印花税票发行。1918年，四川形成防区制，全省分8个防区，驻防军各自为政，自定章程，自制印花税票销售。1922年5月，张作霖宣布独立，就任东三省保安总司令，与中央脱离关系，四年后开始自制印花税票发行。此时，各地为了保持自己地区的税收纷纷自行印制税票以保其税源固定。由此而来出现了各种各样的印花税票，从中也可看出各种政权对印花税这个税种的认可度高，筹集税源的作用较大。北伐战争爆发后，国民党建立南京国民政府。1927年6月，南京国民政府召开财政会议，将印花税划为中央收入，规定各省不得任意截留。11月23日，南京国民党政府财政部颁布《印花税暂行条例》，并发行版旗图印花税票五个面值，先在江苏、浙江、安徽、福建四省开办试用，其他省逐步推广。1928年4月9日，南京国民党政府财政部颁布《整顿各省印花税暂行办法》。1931年，南京国民党政府财政部发布训令，严禁各地派销印花。此时印花税有了短暂的统一，税款流向南京政府财政部，但各省军阀仍然有不少自制印花税票截留税款情况。1937年"七七"事变后，日本大举入侵中国，全面抗战爆发。为支持抗战，南京国民党政府财政部又将印花税率加倍，扩充征税范围。1937年10月11日，南京国民党政府财政部颁布《非常时期征收印花税暂行办法》，直到1945年抗日战争结束。在抗日期间，南京国民党政府、各军阀、日本帝国主义及其汉奸政权均开征印花税，发行了各种版式的印花税票、收入印纸（日伪对印花税票的称谓）。

抗战胜利后，国民党政府财政部对收复区商民施行减轻负担的政策，于1945年10月制定了《收复区直接税征免办法》。解放战争时期，国民党蒋介石政权不断发行各面值种类印花税票行用，以增加财政收入。1948年8月7日，国民党政府财政部公布调整《印花税法》税率各目起征点、定额税率与分级定额税率及第二十六条罚款数额，一律提高6倍征收。同年8月19日，蒋介石颁布《财政经济紧急处分令》和《金圆券发行办法》。其中，规定民国以金圆为本位币，法币及流通券禁止发行。法币以300万折合金圆1圆。此后物价更加飞涨，通货膨胀急剧严重，印花税起征点虽然数次大幅提高，仍赶不上物价飞涨的速度，印花税票面值从100元增到50万元，新疆更出现古今中外闻所未闻的60亿面值印花税票。

在中国革命历程中，中国共产党人因巩固政权的需要，在革命根据地和解放区取缔"苛捐杂税"的同时，从利国利民、取之有道的实际出发，创办开征印花税。从1938年5月晋察冀边区征收开始，陆续有东北、山东、陕甘宁、华北、华中等根据地和解放区开征了印花税，特别是到了1949年，随着大片国统区成为解放区，印花税开征地区越来越多。

中华人民共和国于1949年10月1日成立后，开始着手建立新中国税收制度，并于1949年11月24日，由中央人民政府政务院财政经济委员会和财政部在北京前门大街一处普通旅馆里组织召开了首届全国税务会议。1950年1月30日，中央人民政府政务院通令公布《全国税政实施要则》，统一了全国税政，确立印花税为全国统一开征的税种之一。1950年初，财政部根据《全国税政实施要则》的精神，并参照1949年首届全国税务会议的决议，以及各地区前期推行的情况，拟订《印花税暂行条例草案》，共定为30个税目，报请政务院审批。1950年4月2日，政务院通令下发各地试行，原作为暂时征税的法律依据即行废止。1950年6月，将30个税目调整为25个税目。1950年12月，政务院公布了《印花税暂行条例》，1951年1月4日财政部公布了《印花税暂行条例施行细则》，从此，全国统一了印花税法。

新中国开征印花税后，根据各时期国家的政治经济情况，印花税制度一直处在不断修正和调整当中。1952年12月31日，政务院财政经济委员会报经政务院164次政务会议核准，将税制作了若干修正，其中，将对印花税税率税额表中应贴花凭证的一些税目的部分凭证，分别并入商品流通税、货物税、工商税及屠宰税征收，所有未合并部分仍按印花税暂行条例办理，并决定自1953年1月1日起实行。1956年1月1日，经国务院批准，由财政部公布施行《印花税税率税额表》，在保证税收与贯彻区别对待的原则下，对印花税又作了进一步的简化，把原有的25个税目缩减为9个税目，纳税手续也较前简化了。1958年9月11日，为了适应新时期社会主义经济情况，对工商税收制度进行了较大改革。经全国人民代表大会常务委员会101次会议原则通过，由国务院颁发试行《中华人民共和国工商统一税条例（草案）》，将货物税、商品流通税、营业税和印花税合并简化为工商统一税，印花税条例被废止，印花税也不再单独征收。

党的十一届三中全会以来，我国的改革开放不断深入，社会主义商品经济迅速发展。为适应新的经济发展形势，国家先后颁布了经济合同法、商标法、工商企业登记管理条例等一系列经济法律法规，在经济活动中依法书立各种凭证已成为普遍现象，重新开征印花税逐步具备了客观条件。1988年8月6日，国务院以11号令发布《中华人民共和国印花税暂行条例》，规定重新在全国统一开征印花税。现行印花税征收范围包括5大类13个税目，其中，属于各种合同或具有合同性质的税目10个，另3个为产权转移书据、营业账簿和权利、许可证照。同年9月29日，财政部发布了《中华人民共和国印花税暂行条例施行细则》，统一了全国的政策解释。1988年10月1日，正式恢复征收印花税，并且延续至今。

第3章 清代引进印花税的过程及印花税票的发行情况

3.1 清代引进印花税的过程

光绪十五年（1889年）9月25日，总理海军事务大臣奕劻为筹备海军军费，上奏朝廷："经费之难，几于无可设措。惟有仿照外国筹费之法，酌开一周转之饷源，庶不虞其无继。查有印花税一法，西洋各国通行，传闻美国每年征税可得美金五千三百余万元，法国征税所得二千七百余万元。中国如何仿照办理，可先试行于各口之洋商……其纸由臣衙门仿照西式，用机器制成，汇发各省，由各该督抚转饬办理，若日久行之无弊，再推广于内地。可否之处，拟请饬下总理各国事务衙门悉心妥议，详细获奏。如果可行，再行遵旨试办。"奕劻的奏折引起了清廷的重视，光绪皇帝在奏折上批示："下所可议。"

1896年，御史陈壁又请仿行印花税。"查印花税创自荷兰，盛于英吉利，今则遍行各州，天国无之。谓之印税者，盖令民间买国家所制之印花，粘于各项契券字据之上，以为纳税之证也……"虽然当时清廷没有立即准奏，但奏疏内容比较周详，为日后开办印花税打下了基础。同年，江苏补用道陈仪洛亦上奏《印花条议》。

1899年，出使大臣伍廷芳为开征印花税之事再奏，并引起朝廷重视，降旨总理衙门督促各出使大臣采访各国印花税章程，为试办印花税做准备。

1901年，两江总督刘坤一、湖广总督张之洞会奏："查外国征商之政，其巨款全在印花税。其大意在抽银不抽货；抽已卖之货，不抽未卖之货，估西人解曰：'银钱税'。然中国若能办成即较中国得二十分之一，亦可征银五六百万。中国初办，隐匿必多。推敲过细，不免纷扰。只可稍为从宽，不求算无遗策。以后稽核之法渐周，自然日臻旺矣。应请教敕查各国章程，斟酌妥办。"

海关总税务司英国人赫德，不仅参加历次开征创议咨询和讨论，还两次提出开征印花税的建议。但其出发点是为了让清政府早日筹足向各列强的赔款。

直隶试用道陆树藩上书外务部，陈述了开征印花税的理由，并详细说明了印花税不仅有税收功能，还具有对应税事项公证的功能。外务部代奏陆树藩的条陈后，光绪皇帝颁旨令外务部和户部详细商议后再奏，遂有《清外务部户部遵议试行印花税并原拟办法七条疏》。光绪二十八年十二月初一日（1902年12月30日）清廷正式批准北洋大臣直隶总督袁世凯遵议仿行印花税，筹拟章程，奉旨试办，同时向日本印刷局订印印花税票6枚一套，此即清代批准第一次试行印花税。

3.2 双龙戏珠图印花税票

双龙戏珠图印花税票

P13×13.5　　　●19×23

中国第1套印花税票，清光绪二十九年（1903年）印制的双龙戏珠图印花税票，该套票在日本印制，很像日本收入印纸（印花税票）的样式，全套6枚，图案为 双龙戏珠，印制出来后，因为印花税并未试行，所以没有使用过。

该套票由于存世量少,目前在市场上已算较为稀有的印花税票收藏品。

3.3 云龙风景图印花税票

云龙风景图印花税票
P12　　●20×23

云龙风景图印花税票是我国第1套使用过的印花税票,该税票是光绪三十四年(1908年)在美国印制的,全套3枚,图案为云龙风景,而且带中英文两种文字标注。虽然这套印花税票比日本版印花税票存世量多,收藏市场价格不算高,但由于清政府从1908年开始试办印花税,因此这套印花税票有少量使用过,贴票的实用单据十分珍贵。

清代美国版印花税票还有民国后加盖品种,如云南加盖字样为"中华民国××印花",福建加盖字样为"中华民国福建",但这些票从税收凭证角度看属于民国加盖使用的印花税票。

清代云龙风景图印花税票民国云南加盖票

清代云龙风景图印花税票民国福建加盖票

在这之前，清海关的红印花是第一版印花税票，红印花加盖邮票，它本身是一枚红印花税票，清代邮政加盖改值后当作邮票使用，称为红印花加盖票，是我国第一枚加盖的印花税票。"红印花"票由清朝政府于1896年9月委托英国华德路公司用雕刻版印制，面值及颜色为洋银3美分，红色，整版100枚，根据版号推测印量共65万枚。"红印花"原票未加盖的极少，红印花税票上加盖后使用，目前红印花原票的价值同样不菲，已成为集邮者和印花税票集藏者追逐的珍品，已成为"华邮四宝"之首，红印花原票，目前为止仅发现53枚。

第4章 民国时期印花税票

4.1 民国时期通用印花税票

1. 长城图印花税票

P14　　　●30×22

长城图的主图案为万里长城和五色旗，寓意汉、满、蒙、回、藏五族共和，国运延绵永立于世界民族之林。这是民国的首套印花税票，全套5枚，1分棕色，2分绿色，1角红色，5角青色，1元蓝色，1913年即投入使用。在相当长的时间里，壹圆面值的长城图印花税票都处于奇缺的状态，并成了一个谜。直到1998年中国银行因拆迁而搬家时，戏剧性地在其地下仓库中发现了一大批未及拆包的壹圆长城印花税票版票，这才使谜团破解——原来它们被封存在地下。

（局部）

2. 嘉禾图印花税票

P14　　　　●26×24

北京政府财政部颁嘉禾图印花税票全套3枚：1分棕色、2分绿色、1角红色。3枚图案一致，中间由四枝双向双勾对顶勾藤花纹组成一亚葫芦图案，中间印有双行约六号楷体"中华民国""印花税票"字样，两边各饰有一株麦穗图案，按省份分别印制。

3. 版图旗印花税票

部印版图旗印花税票分别有上海大东一版、上海大东二版、北平财政部印刷局版等版式，最早在票上分别印江苏、浙江、安徽、福建省名分省使用。其主图为中国地图和青天白日旗，表示顶天立地、与民更始之意。铭文为"国民政府印花税票"，分为1分票赭色、2分票绿色、1角票红色、5角票紫色、1元票蓝色五种。

（1）1927年上海大东书局印制。

P14　　　　●22×18

（2）1928年国民政府财政部印刷局印制。

P14　　●21×19

4. 六和塔图印花税票

六和塔位于浙江省杭州市西湖之南，钱塘江畔月轮山上，是中国现存最完好的砖木结构古塔之一。

六和塔始建于北宋开宝三年（公元970年），僧人智元禅师为镇江潮而创建，取佛教"六和敬"之义，命名为六和塔。现在的六和塔塔身重建于南宋。六和塔又名六合塔，取"天地四方"之意。20世纪90年代在六和塔近旁新建"中华古塔博览苑"，将中国各地著名的塔缩微雕刻而成，集中展示了古代中国建筑文化的成就。

国民政府财政部印六和塔图印花税票开始发行时有1分票赭色、2分票绿色、1角票黄色、5角票紫色、1元票蓝色五种，后又发行了2角洋红色票。

（1）1934年国民政府财政部印刷局北平厂印刷。

P14　　●20×18.5

（2）1936年国民政府财政部印刷局上海印刷。

  P14   ●20×18.5

（3）1938年上海大东书局印制。

  P13   ●20×18.5

（4）1940年香港大东书局印制。

  P14   ●20×18

第4章 民国时期印花税票

（5）1941年重庆京华印书局印制。

P11×14　●20×18

（6）1941年上海大东书局股份有限公司印制。

P点线齿　●20×18

47

（7）1942年福建百城印务局印制。

P点线齿　　●20×18

（8）上海大东版六和塔图加盖"暂作"改值印花税票。

1943年	机盖
宋体红字	竖双行排列右读
字号2	双字高11毫米

（9）六和塔图加盖"改作"改值印花税票。

1944年　　　机盖

楷休红字　　竖双行排列右读

字号4　　　双字高11毫米

①香港大东版。

②上海大东书局股份有限公司版。

P13.5

P点线齿

（10）1944年福建百城印务局印制。

　　P13.5　　●20×18

（11）1944年上海大东书局股份有限公司印制。

　　P点线齿　　●20×18

5. 人像图印花税票

抗日战争时期，国民政府分别发行过人像图（有孙中山、林森、蒋介石、孔祥熙像）印花税票。

（1）1938年香港大东书局印制。

　　P14　　●21×19

（2）1940年财政部重庆印刷局印制。

　　P11　　●21×19

（3）1942~1944年上海大东书局股份有限公司印制。

P14　　　　●21×19

（4）1944年中央信托局印制处印制。

P点线齿　　●21×19

（5）1944年上海大东书局重庆印刷厂印制。

P12.5　　　●21×18

①林森像。

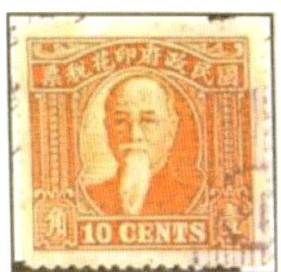 

②蒋介石像。

③孔祥熙像。

6. 复兴关图印花税票

复兴关为重庆市内两路口西面一座原名浮图关的小城堡。此票亦称牌楼图或版坊图印花税票。

（1）1943年中央信托局印制处印制。

P点线齿　　●22×19　　平版

（2）1943年下半年中央信托局印制处印制。

P13　　　　●22×19　　平版

（3）1944年7月中央信托局印制处印制。

P13　　　　●22×19　　凹版

（4）1944年重庆京华印书馆印制。

P13　　　　●22×19　　平版

（5）1944年福建百城印务局印制。

P12　　　　●22×19　　平版

（6）1945年大东书局重庆分厂印制。

P点线齿　　●22×19　　平版

（7）1945年中央印制厂印制。

P13　　　　●22×19　　平版

（8）1945年中央印制厂印制。

P13　　　　●22×19　　凹版

（9）1945年重庆京华印书馆印制。

P13　　　　●22×19　　平版

7. 球旗图印花税票

球旗图印花税票图案象征着中国抗日战争取得全面胜利。

（1）1946年5月振明印书馆印制。

P12.5　　●19×22　　胶版

（2）1947年11月中央印制厂上海厂印制。

P12.5　　●19×22　　胶版

8. 联运图印花税票

"交通联运图印花税票"是在中国抗战胜利后三年多的时间内被广泛使用在工商、民政等领域的一种民国税票，其票面图案由轮船、飞机、汽车、火车等交通工具所构成。该套民国税票虽然版式众多，但其发行和使用非常规范，是唯一一套民国时期被加盖成邮票使用的印花税票。

"交通联运图印花税票"的另一大特色在于利用税票这一独特的视角反映了抗战胜利后到中华人民共和国成立这段历史时期中国的经济和金融情况，而这段时期恰恰是中国财政史研究中最弱的环节，史料奇缺，印花税票及其在经济生活的中广泛使用正可提供丰富的史料和佐证。

联运图印花税票图案为海陆空运输，有上海中央版、北平中央版、大东版、大业版、振明版、英华版等多种版式。农工商图印花税票以收割机和工厂为图案。

（1）1946年5月振明印书馆印制。

  P13.5   ●19×17   凹版

（2）1946年7月振明印书馆印制。

  P13.5   ●19×17   平版

（3）1946年10月中央印制厂上海厂印制。

  P12.5   ●19×17   平版

（4）1946年11月中央印制厂上海厂印制。

  P12.5–13 ●19×17   凹版

（5）1946年11月大东书局印制。

  P14   ●19×17   平版

（6）1946年12月~1948年8月大东书局印制。

  P14   ●19×17   凹版

（7）1947年2月大业印刷公司印制。

  P14   ●19×17   凹版

（8）1947年1月中央印刷厂北平厂印制。

  P14   ●19×17   凹版

（9）1947年7月大业印刷公司印制。

  P12.5   ●19×17   平版

（10）1947年7月中央印刷厂北平厂印制。

  P14   ●19×17   平版

（11）1948年1月英华印制厂印制。

  P13.5   ●19×17   凹版

（12）1948年中央印刷厂上海厂印制。

P点线齿　　●33×33

①右侧无英文字。

②右侧有英文字。

9. 农工图印花税票

（1）1948年9月中央印刷厂上海厂印制。

P12.5　　　●22×18　　　平版

（2）1948年11月中央印刷厂上海厂印制。

P14　　　●22×18　　　凹版

（3）1948年中央印刷厂上海厂印制。

P不规则齿　　●33×32.5

  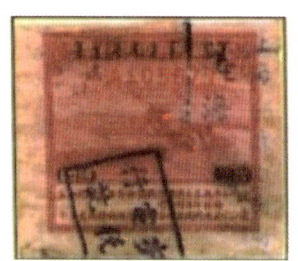

10. 农工图加盖"银元"改值印花税票

1947年7月　　　机盖

篆体黑字　　　两行横排

字号4　　　　四字宽14毫米

4.2　解放区印花税票

4.2.1　华北区印花税票

1. 晋察冀边区

晋察冀边区印花税票均为石印，无齿，图幅。

其图案上部为隶书呈弧行排列的"晋察冀边区"字样。下部长方框内为楷书"印花税票"四字，其左右边角圆框内分置面值的中文大写数字。

税票内文字皆为右书。税票主图双环圆圈内为白日徽旗图，两边各为一束麦穗。

1938年5月　　石印版

P无齿　　　●22×19.5

2. 冀中区

山村粮仓图印花税票。

1939年　　　石印版

P6　　　　●23.5×20.5

3. 华北

（1）五星图印花税票。

1946年7月，国民党蒋介石背信弃义，撕毁停战协定，悍然对解放区发动了全面内战。敌我力量非常悬殊，中国共产党在毛主席的领导下，团结依靠解放区广大人民，粉碎了敌人的一次次所谓"重点进攻"。

1947年11月12日，中国人民解放军解放了华北战略要地和交通枢纽——石家庄。1948年8月7日，在石家庄召开了华北临时人民代表大会。9月1日，华北人民政府正式宣告成立。10月10日，华北人民政府决定成立华北税务总局。华北税务总局成立后，1948年11月23日，在石家庄召开了华北区首届税务工作会议，会议制定了新的税收条例与手续法，决定开征印花税，并为此设计出版了五星图印花税票。

华北五星图印花税票，主图为拱形门楼。左右立柱上写有"发展经济，建设华北"。拱形上写有"华北人民政府"。门楼内是五星和中国地图。立柱上下为面值，目前发现的面值多是无齿票，目前只发现1角和1元有齿，极少见。

1941年1月　　石印版
P无齿　　　●25×20.5

（2）加盖"暂作"改值印花税票。

1948年9月1日，根据解放战争发展形势需要，为了增加财政收入，保证解放战争前方需要，华北人民政府决定恢复征收印花税，并于1949年10

月公布了《华北区印花税暂行条例》。

《复兴关图》印花税票系国民党政权在东北九省发行的专用票,东北全境解放后,新政权并未全面开征印花税,而华北人民政府开征时由于《五星图》印花税票发行量小,故将《复兴关图》印花税票加盖新政权名识和新面值后应急使用,这册账簿贴花成为新旧政权更替有力的见证。

  1949年4月 铅字机盖
  宋体黑字 横三行排列

联运图

复兴关图

4. 天津市

发行背景

1948年11月29日,中国人民解放军东北野战军和华北军区第2、第3兵团及地方武装一部在北平(今北京)、天津、张家口地区,对国民党军进行了战略性决战,即"平津战役"。1949年1月15日凌晨5时,人民解放军东西突击集团在金汤桥上胜利会师。1月17日,人民解放军解放塘沽,天津全境解放,但天津的工业设施亦受到重大损失。

(1) 加盖"暂准使用"改值印花税票。

1949年2月　　　　　　铅字机盖

宋体黑字　　　　　　　竖双行排列

联运图

(2) 加盖"暂作"改值印花税票。

1949年2月　　　　　　铅字机盖

宋体黑字（小）　　　　竖双行排列

5. 北平市

发行背景

1949年1月31日，人民解放军入城接管防务，至此，北平宣告和平解放。同年10月1日，中国共产党宣布中华人民共和国正式成立。北平改名为北京，北平作为解放区的时间非常短的。一进北平城，首要的经济任务就是发行人民币和收兑国民党发行的金圆券工作，建设人民币统一的货币市场。1994年3月1日，北平人民政府公布开征21种税，其中包括印花税。同年3月25日，北平市人民政府公布《北平市印花税稽查暂行条例》及印花税税率表。下图就是加盖"人民政府批准暂行"的改值印花税票。

加盖"人民政府批准暂作"改值印花税票。

1949年3月　　　　　　铅字机盖

黑体黑字　　　　　　　竖三行排列

4.2.2　东北区印花税票

安东省

鸭绿江桥图印花税票。

1947年8月　　　　　　石印版

P10.5–11　　　　　　●23×19.5

4.2.3　华东区印花税票

1.　山东省胶东区

胶东广义上指青岛、烟台、威海和潍坊东部和东营东部地区，经常泛指青岛、烟台、威海三市，简称青烟威。

胶东地区三面环海，西接山东内陆地区、隔黄海与韩国及日本部分岛屿相望，北临渤海海峡

（1）工厂图印花税票。

1947年　　　石印版

P无齿　　　●14.5×12.5　　●21×18

（2）运输图印花税票。

1947年　　　石印版

P无齿　　　●18.5×15.5　　●23.5×22.5

2. 山东省

山东省工厂图与山东胶东工厂图是两套完全不同的税票，发行时间不同，使用地域不同，整套税票枚数不同。

山东省工厂图印花税票是山东省税务总局面向山东全省发行和使用的一套税票（在新中国旗球图印花税票发行之前）。而山东胶东工厂图印花税票只是在胶东解放区使用的，且使用时间很短（1948年2月15日停征）。在此之后，山东省工厂图印花税票在全省各地发行和使用（因为各地解放时间不同，所以在使用上略有先后）。

（1）工厂图印花税票。

1947年　　　石印版

P无齿　　　●22×18.5

（2）工厂图印花税票。

1947年　　　　石印版

P10.5-11　　　●22×18.5

（3）工厂图印花税票。

1947年　　　　石印版

P点线齿　　　●22×18.5

（4）农工图加盖改值印花税票。

1949年6月　　　　　　铅字机盖

宋体黑字　　　　　　横三行排列

（5）青岛市加盖"改作人民币"印花税票。

1949年7月　　　　　　铅字机盖

宋体黑字　　　　　　　横双行排列

3. 皖北区

（1）加盖"暂作人民币"改值印花税票。

1949年5月　　　　　　　皖北安庆市工商管理局加盖

楷体石印黑字　　　　　　横双行排列

（2）加盖"限皖北区用"改值印花税票。

1949年　　　　　　　　　铅字机盖

隶体黑字　　　　　　　　横三行排列

（3）加盖"限皖北区用"二次改值印花税票。

1949年　　　　　　　　铅字机盖

隶体黑字　　　　　　　横三行排列

4. 皖南区

皖省先后在安庆鹭鸶桥、近圣街、万亿仓等处设立印花税局。民国十四年（1925年），三种小面值的旧票废止，发行1分、2分、1角新票，紫5角和蓝1元继续使用。这些票面上印有"中华民国苏浙皖"字样，本地用票时加盖"安徽安庆区"黑字。

自1931年11月1日起，这些印花税票主要用于当时的发票、凭证、当票、股票、借据、账簿、契约、汇票、期票、遗产、保险、存单、提单、收条等，几乎囊括了所有文字依据的交易往来纸质字据。有趣的是，这些印花因其票型印制与邮票相似，在其产生之初的清代，并未完全作纳税凭证使用，几将其加盖作为邮资，成为中外闻名的"红印花暂作邮票"，民间俗称"红印花"。如宣统一朝即1909年3月5日清廷颁发的赭色20文、绿色100文和红色1000文三种票，安徽省于当年10月开始在安庆府各县使用，今已成邮人追索的珍稀品种。

1949年4月23日安庆解放，5月下旬即沿用国民党政府旧税法开征印花税。税票是在接收国民党国税稽征局的旧印花税票上，加盖安庆市军管会钢印字模后使用。如笔者珍藏的盖有"皖北区安庆贸易公司"木戳记的"发上"（发票），在29万1100元总额之后，粘贴有18枚加盖改值的印花。它的背景票是"中华民国印花税票"，蓝色，有工厂、拖拉机耕地图案，面值20（贰角）；它的票面盖了红色钢模字："人民币伍拾圆、50.00、限皖北区用"（自右往左字序）各覆盖了两枚红五星。坐落在钱牌楼22号的安庆中江印刷图章局"发奉"，也粘贴了同类型的印花；还有在民国赭1分票上用木戳记临时加盖"暂作人民币拾元"；"暂作人民币伍元"等字样，这些票据所反映的征税范围，依照的就是1949年11月皖北行署所发《印花税法暂行办法》。

（1）加盖"暂作人民券"改值印花税票。

1949年6月　　　　　　　铅字机盖

宋体黑字　　　　　　　横三行排列

（2）加盖"人民币"改值印花税票。

1949年6月　　　　　　　铅字机盖

宋体黑字　　　　　　　　横三行排列

（3）加盖"人民币"改值印花税票。

1949年6月　　　　　　　铅字机盖

隶体　　　　　　　　　　横三行排列

（4）芜湖市加盖"改作人民券"改值印花税票。

1949年　　　　　　铅字机盖

宋体黑字　　　　　横三行排列

（5）芜湖市加盖"改作人民币"改值印花税票。

1949年　　　　　　铅字机盖

宋体黑字　　　　　横三行排列

5. 苏北区

苏北即江苏北部地区的简称，包括南通、扬州、泰州、徐州、连云港、淮安、盐城、宿迁8个省辖市，共54个县（市、区）。

（1）加盖"限苏北区用"改值印花税票。

1949年　　　　　　　　铅字机盖

隶体黑字　　　　　　　横三行排列

（2）加盖"限苏北区用"改值印花税票。

1949年　　　　　　　　铅字机盖

宋体　　　　　　　　　横三行排列

6. 苏南区

（1）加盖"暂作"改值印花税票。

1949年6月　　　　　　　铅字机盖

楷体黑字　　　　　　　　横双行排列

(2)加盖"改作"改值印花税票。

1949年6月　　　　　　　　铅字机盖
楷体黑字　　　　　　　　横双行排列

(3)加盖"限苏南区用"改值印花税票。

1949年6月　　　　　　　　铅字机盖
隶体黑字　　　　　　　　横三行排列

（4）松江区加盖印花税票。

1949年　　　　　　　　铅字机盖
宋体　　　　　　　　　横三行排列

（5）松江区加盖"改作"印花税票。

1949年　　　　　　　　铅字机盖
宋体、楷体黑字　　　　横四行排列

（6）苏州区加盖"暂作人民币"印花税票。

1949年　　　　　　　　铅字机盖
黑字　　　　　　　　　横四行排列

（7）苏州区加盖"暂作人民币"改值印花税票。

1949年

黑字　　　　　　　　　　横四行排列

（8）镇江加盖"暂作人民券"改值印花税票。

1949年　　　　　　　　　铅字机盖

宋体黑字　　　　　　　　横三行排列

（9）镇江加盖"人民券"改值印花税票。

1949年　　　　　　　　　铅字机盖

宋体黑字　　　　　　　　横行排列

（10）昆山加盖"人民币"印花税票。

1949年　　　　　　　　木戳手盖

楷体　　　　　　　　　横行排列

(11)常熟加盖"人民币"改值印花税票。

1949年　　　　　　　铅字机盖
宋体黑字　　　　　　横双行排列

7. 南京市

(1)加盖"改作人民券"改值印花税票。

1949年5月　　　　　铅字机盖
楷体黑字　　　　　　横三行排列　　　面额"圆"

（2）加盖"改作人民币"改值印花税票。

1949年5月　　　　　　　铅字机盖
楷体黑字　　　　　　　　横三行排列　　　面额"元"

8. 上海市

（1）加盖"暂用人民币"印花税票。

1949年　　　　　　　　　铅字机盖
宋体　　　　　　　　　　横双行排列

（2）加盖"限上海市用"改值印花税票。

1949年6月14日　　　　　铅字机盖
隶体　　　　　　　　　　横三行排列

（3）上海高楼图印花税票。

1949年9月15日　　　　凹版

P14　　　　　　　　●21×18

9. 浙江省

（1）洋酒啤酒查验证（有齿）加盖"暂作印花税票"。

1949年7月　　　　　铅字机盖

楷体红字　　　　　　横双行排列

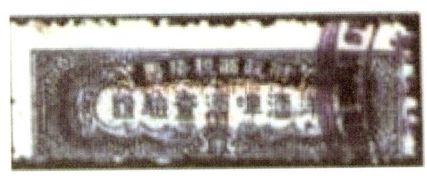 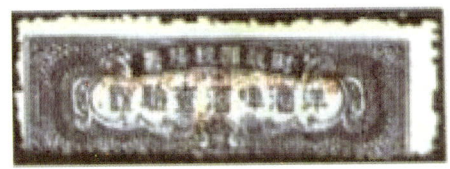

(2)洋酒啤酒查验证(无齿)加盖"暂作"印花税票。

1949年7月　　　　　　　铅字机盖

楷体红字　　　　　　　　横双行排列

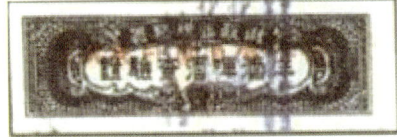 

(3)安全火柴查验证加盖"暂作"印花税票。

1949年7月　　　　　　　铅字机盖

楷体红字　　　　　　　　横三行排列

（4）货物税查验证"暂作"印花税票。

1949年7月　　　　　　　铅字机盖

楷、黑体黑字　　　　　　横竖行排列

10. 福建省

（1）加盖"改值"印花税票。

1949年　　　　　　　　　铅字机盖

宋体红字　　　　　　　　横三行排列

（2）加盖"人民币"改值印花税票。

1949年　　　　　　　　　铅字机盖

宋体黑字（小）　　　　　横三行排列

（3）加盖"人民币"改值印花税票。

1949年　　　　　　　　　铅字机盖

宋体黑字（大）　　　　　横三行排列

（4）加盖"人民币"改值印花税票。

1949年　　　　　　　　　铅字机盖

楷体黑字　　　　　　　　横双行排列

（5）南平加盖"人民币"改值印花税票。

1949年　　　　　　　　铅字机盖

楷体黑字　　　　　　　横双行排列

11. 华东区

加盖"华东区通用"印花税票。

1949年　　　　　　　　铅字机盖

隶体　　　　　　　　　横行排列

4.2.4　西北区印花税票

1. 陕甘宁边区

（1）工厂图印花税票。

1949年6月22日　　　　石印版

P无齿　　　　　　　　●21×18

（2）工厂图印花税票。

1949年6月22日　　　　石印版

P12.5　　　　　　　　●21×18

2. 西北区

工厂图印花税票。

1949年10月　　　　　石印版

P无齿　　　　　　　　●21×18

3. 陕西省

西安市加盖"暂作"改值印花税票。

1949年12月　　　　　木戳手盖

4. 陕南区

火车图印花税票。

1949年　　　石印版

P无齿　　　●22×20

5. 新疆维吾尔自治区

火车图印花税票。

1950年　　　锌版

P无齿　　　●23×23　　　●28×30　　　●26×26

4.2.5　中南区印花税票

1. 华中区

（1）加盖"人民券"改值印花税票。

1949年6月　　铅字机盖　　　上下钉形纹

宋体黑字　　　横行排列

（2）加盖"人民券"改值印花税票。

1949年6月　　铅字机盖　　　上下四方模

楷体红字　　横行排列

（3）加盖"人民券"改值印花税票。

1949年6月　　　　　铅字机盖　　　　上下四方模
宋体红字　　　　　　横行排列

（4）加盖"华中印花人民币"改值印花税票。

1949年7月　　　　　铅字机盖
楷、宋体黑字　　　　横双行排列

（5）加盖"人民币"改值印花税票。

1949年7月　　　　　铅字机盖　　　　上下水波纹
楷体红字　　　　　　横双行排列

（6）工厂图印花税票。

1949年7月　　　　　　　石印版

P印刷齿　　　　　　　　●22×19.5

2. 湖北省

宜昌农耕图印花税票。

1949年7月　　石印版

P无齿　　　●19×22　　●18×22

3. 湖南省

加盖"暂作"改值印花税票。

1949年　　　　　　　铅字机盖

宋体黑字　　　　　　横三行排列

4. 江西省

（1）加盖"人民券"改值印花税票。

1949年　　　铅字机盖

宋体　　　横双行排列　　　上下星花枝

（2）加盖"人民券"改值印花税票。

1949年　　　铅字机盖

宋体红字　　横双行排列　　　上下回纹

（3）加盖"改作人民币"印花税票。

1949年　　　铅字机盖

宋体黑字　　竖三行排列

（4）加盖"人民币"印花税票。

1950年　　　　铅字机盖

宋体　　　横竖排列

（5）加盖"改作人民币"印花税票。

1950年　　　　　　　铅字机盖

宋体黑字　　　　　　横竖排列

（6）景德镇加盖"军管会暂用印花"印花税票。

1949年5月　　　　　　　铅字机盖

楷体　　　　　　　　　　横竖排列

（7）赣州区加盖"暂作人民币"改值印花税票。

1949年　　　　　　　　　铅字机盖

宋体黑字　　　　　　　　横三行排列

（8）铅山加盖"人民币"改值印花税票。

1949年　　　　　　　　　铅字机盖

宋体黑字　　　　　　　横三行排列

5. 广东省

（1）潮安区南方券印花税票。

1949年　　　石印版

P不规则齿

（2）潮汕区工矿图印花税票。

1949年　　　石印版

P12

（3）兴梅区工农图印花税票。

1949年　　　石印版

P11.5　　　P点线齿

（4）汕头市代用印花税票。

1950年　　　石印版

P无齿　　　●30×37

（5）广州市加盖"人民币"改值印花税票。

1949年　　　铅字机盖

宋体蓝字　　横行排列

（6）广州市轮船图印花税票。

1950年

P无齿　　●18.5×21.5

95

（7）广州市轮船图印花税票。

1950年

P无齿　　　●18.5×21.5

6. 广西壮族自治区

（1）南宁市加盖"邕市暂用"改值印花税票。

1950年　　　铅字机盖

宋体黑字　　横竖排列

（2）柳州市加盖"暂作"改值印花税票。

1949年　　　铅字机盖

楷体黑字　　横双行排列

（3）桂林市加盖"暂作人民币"改值印花税票。

1950年　　　　铅字机盖

宋体　　　　　横双行排列

4.2.6　西南区印花税票

1. 西南区

加盖"限西南区用"改值印花税票。

1949年12月30日　　　　　铅字机盖

隶体黑字　　　　　　　　横三行排列

2. 川北区

（1）广元加盖"人民币"印花税票。

1949年　　　　木戳手盖

楷体　　　　　横行排列

（2）遂宁加盖"人民币印花"改值印花税票。

1949年　　　木戳手盖

楷体　　　横行排列

3. 川西区

加盖"暂作人民币"改值印花税票。

1950年　　　铅字机盖

宋体红字　　横竖排列

4. 贵州省

加盖黔"人民币"改值印花税票。

1949年12月

宋体蓝字　　　　　　　横竖排列

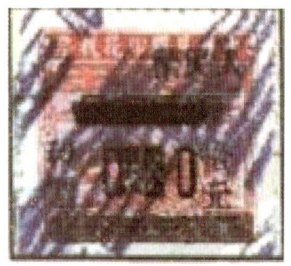  

5. 西康省

加盖"暂用印花"改值人民币印花税票。

1950年　　　　　　　铅字机盖

宋体黑字　　　　　　横竖排列

4.3 预印印花凭证

(1)住商登记证税票。

由财政部1942年在直接税处印制圆青色。

(2)戏院入场券(戏票用纸)。

财政部1943年在直接税处印制(印花图有面值)。

（3）印花税缴款书。

财政部1943年在直接税处印制，为铅灰色，印花图上面没有面值，该缴款书由各地依照自己的样式自己印刷，税片的价格也各不相同。

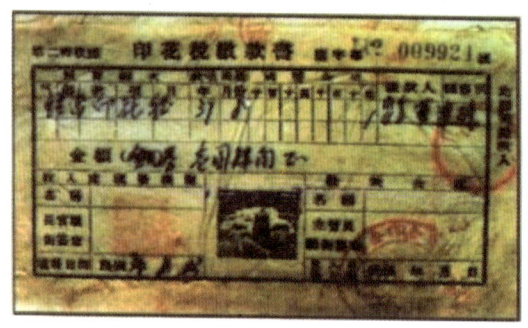

（4）戏院入场券（戏票用纸）单据用纸。

1943年　　财政部直接税处印制。

右边的单据用纸是赣州鼎记印刷厂版，上面的单据用纸是京华印书馆版，两者的区别在于赣州鼎记印刷厂版纸字下面没有一点，而京华印书馆版的纸字下面有一点；赣州版邮资图下有印花不得剪下重贴字样，而京华版则没有这些字样。

（5）预印复兴关图凭证（住商登记证）。

1943年　　财政部直接税处印制。

这一期间的印花税票防伪，大多采取设置"暗记"的方式。这种税票的出现是为了更好地确认住商身份，从而更好地征收印花税。

（6）预印联运图凭证。

①印花税缴款书。

1945~1948年　　振明印书馆和中央信托局印制。

振明印书馆非金圆版　　81×136

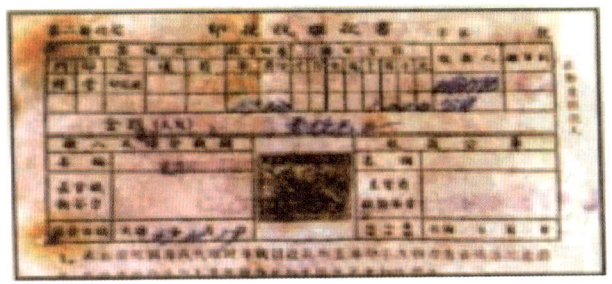

振明印书馆金圆版（金额栏为"金圆券"字样）　　79×138

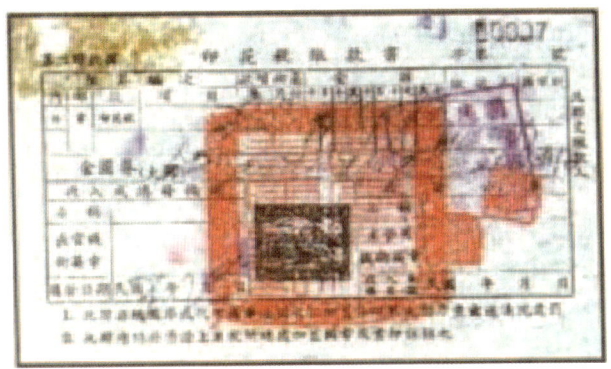

中央信托局金圆版（金额栏无"金圆券"字样）　　85×139

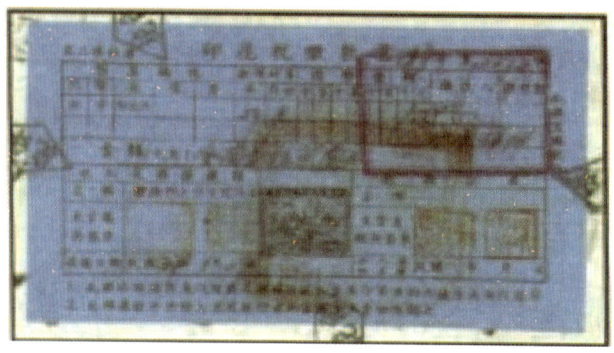

注：此缴款书由各地依式自印，在大同中有小异，价格亦有不同。

②预印农工图凭证。

1948年9月30日，财政部发表公告，宣布将发行工农建设图印花税票。

1948年　　中央信托局印制厂印制　　80×139

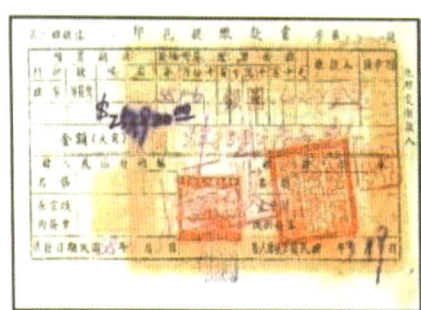 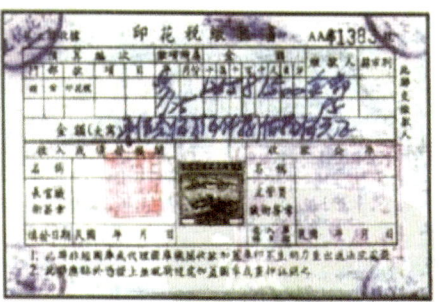

第5章 中华人民共和国成立初期印花税票

中华人民共和国统一印花税征收后,由于当时的政治经济情况变化较快,印花税制度一直处于不断的修正和调整中。

1952年11月2日,我国召开了第四届全国税务会议,讨论了将印花税并入货物征收的问题。在这之后的几年,政策陆续出台,印花税税目逐渐减少,从25个减到16个最后到9个,商品流通税、货物税、营业税和印花税简并为一种税。1958年9月11日,经全国人民代表大会常务委员会101次会议通过,国务院颁布试行《中华人民共和国工商统一税条例(草案)》,将商品流通税、货物税、营业税和印花税合并简化为工商统一税,印花税条例被废止,印花税也不再单独征收。

1952年6月21日,中央人民政府发布关于《新版印花税税票的通告》,决定于当年7月1日起发行新版印花税票,面值分为4级12种。其中,10元、20元、50元票为拖拉机图;100元、200元、500元票为压路机图;1000元、2000元票为发电机图;5000元、10000元、20000元、50000元为飞鸽地球图,统称为机器图、鸽球图印花税票。此套印花税票及其加盖改值票使用到1958年税制改革将印花税并入工商统一税为止。

此票亦分大区印制发行,票面分别印有华北、东北、华东、中南、西南、西北以示区别,均为人民币面值。

5.1 国旗地球图印花税票

5.1.1 中央直辖(华北区)

(1)1949年11月　财政部税务总局印制。

P无齿　　　●21×19　　　厚纸

（2）1949年11月　　财政部税务总局印制。

P无齿　　　●21×18　　　薄纸

（3）1949年12月　　财政部税务总局印制。

P9.5　　　　●22×18

（4）1950年2月　　五四一厂印制。

P12.5　　　　●22×18

（5）1950年。

P短线点线齿　●22×18

（6）1950年。

P缝纫机齿　　●22×18

（7）1949年。

P点线齿　　　●32×25　　　"中"字大幅票

（8）1951年。

P无齿　　　　●32×25　　　"央"字大幅票

（9）1953年。

P点线齿　　　●32×25　　　"财"字大幅票

5.1.2　华东区

1950年7月12日（1000元、2000元）

1950年11月15日（50元）

华东区税务管理局印刷厂印制。

P12.5　　　●22×18.5

5.1.3　中南区

（1）1950年　　汉口利民印刷厂印制。

P印刷齿　　●22×18.5　　薄纸

（2）1950年　　汉口利民印刷厂印制。

P印刷齿　　●22×18.5　　厚纸

5.1.4　西北区

（1）1950年　　西北税务管理局印制。

P细齿　　●22×18.5　　石印版

（2）1950年　　西北税务管理局印制。

P无齿　　●22×18.5　　厚纸

5.1.5　西南区

（1）1950年　西北税务管理局印刷厂印制。
P无齿　　　●22×18
（2）1950年　西北税务管理局印刷厂印制。
P不规则齿　●22×18

5.2　机器图鸽球图印花税票

5.2.1　华北区

（1）机器图印花税票。
1952年10月　华北区税务管理局印制。
P12.5　　　●21×17

（2）鸽球印花税票。

1952年10月　华北区税务管理局印制。

P12.5　　　●21×17

5.2.2　华东区

（1）机器图印花税票。

1952年7月　华北区税务印刷厂印制。

P12.5　　　●21×17

（2）鸽球图印花税票。

1952年7月　华北区税务印刷厂印制。

P12.5　　　●28×23.5

5.2.3　中南区

（1）机器图印花税票。

1952年　　中南区税务印刷厂印制。

P印刷齿　　●21×17

（2）鸽球图印花税票。

1952年　　中南区税务印刷厂印制。

P12.5　　　●21×27

（3）鸽球图印花税票。

1952~1954年 中南区税务印刷厂印制。

P12.5　　　●28.5×24

5.2.4　西北区

（1）机器图印花税票。

1952年　　　西北区税务印刷厂印制。

P无齿　　　●21×17

（2）鸽球图印花税票。

1952年　　　西北区税务印刷厂印制。

P13　　　　●21×27

（3）鸽球图印花税票。

5.2.5　西南区

（1）机器图印花税票。

1952年　　　西南区税务印刷厂印制。

P12.5　　　●21×17

（2）鸽球图印花税票。

1952年　　　西南区税务印刷厂印制。

P12.5　　　●28.5×23.5

5.2.6　东北区

（1）机器图印花税票。

1952年　　　中国人民银行东北区造币厂印制。

P点线齿　　●21.5×17.5

（2）鸽球图印花税票。

1952年　　　中国人民银行东北区造币厂印制。

P点线齿　　●28×23.5

第6章　改革开放后的印花税票

6.1 "四化"建设图印花税票

1. 概述

党的十一届三中全会以后，中国的改革开放不断深入，商品经济迅速发展。为适应新的经济发展形势，国家先后颁布了经济合同法、涉外经济合同法、商标法、工商企业登记管理条例等一系列经济法律法规。单位与个人在经济活动中依法书立各种凭证成为普遍现象，重新开征印花税具备了客观条件。1988年8月6日，国务院以11号令发布《中华人民共和国印花税暂行条例》，同年9月29日，财政部发布《中华人民共和国印花税暂行条例施行细则》，规定自当年10月1日起恢复开征印花税。

"四化"建设图印花税票是为配合1988年10月1日重新开征印花税而由国家税务局发行，票面以当时工业、农业、国防和科学技术现代化的景象构图，是新中国成立后第三套印花税票，改革开放后第一套印花税票，具有浓烈的时代气息和政治色彩。

1988年9月发行了1角、2角、5角、1元、2元、5元、10元等7种面值的印花税票，其中1角、2角、5角票为宇宙航天图；1元、2元票为石油钻井图；5元票为海陆空交通图；10元票为炼钢炉图。

1989年5月11日，国家税务局发行了50元、100元等两种面值的印花税票，50元票为联合收割机图；100元票为大学校门图。同时决定，将10元印花税票由影雕套印改为影写版，发行年份由"1988"改为"1989"。这套由北京邮票厂承印，统称为"四化"建设图印花税票。

各种面值票：

1988年版印花税票（影雕版）

（1）宇宙航天图：改革开放以后，为进一步大力促进我国航天事业的发展，1982年4月13日，中共中央决定成立航天工业部。1988年7月5日，航空航天工业部正式成立。该版印花税票印制宇宙航天图，用三种不同的颜色代表不同的面值。

墨绿色	1角
天蓝色	2角
紫色	5角

（2）海上油井图：也称为石油钻井图，棕黄色面值为1元，棕红色面值为2元。

（3）海陆空交通图：红色，面值5元。

（4）工厂炼钢炉图：蓝绿色，面值10元。

1989年版印花税票（影写版）

（1）工厂炼钢炉图：蓝绿色，面值10元。

（2）农机耕作图：又称联合收割机图，面值50元，体现农业现代化。

（3）北京大学校门图：深蓝色，面值100元。

北京大学，简称北大，诞生于1898年，初名京师大学堂，是中国近代第一所国立大学，也是最早以"大学"身份及名称而建立的学校，其成立标志着中国近代高等教育的开端。北大是中国近代以来唯一以国家最高学

府身份创立的学校，最初也是国家最高教育行政机关，行使教育部职能，统管全国教育。1911年辛亥革命爆发，翌年改名为北京大学。1916年，著名教育家蔡元培出任校长，"循思想自由原则、取兼容并包之义"，推行改革，把北大办成全国的学术和思想中心，使北京大学成为新文化运动的中心、五四运动的策源地。1937年抗日战争爆发，北京大学与清华大学、南开大学合并组建国立西南联合大学。1946年，回到北平复校。1952年院系调整时，校园从北京内城迁至西北郊燕园。北京大学由教育部直属，系国家"211"工程、"985"工程、双一流建设的全国重点大学。

6.2 国家重点建设项目图印花税票

2001年国家税务总局出版发行国家重点建设项目图印花税票印花税票，一套9枚，于2002年4月正式发行，图案选用改革开放以来国家重点经济建设和文化体育项目等建筑精品，分别是新疆风力发电总厂（1角）、秦山核电站（2角）、二滩水电站（5角）、九江长江大桥（1元）、广州港集装箱码头（2元）、浦东国际机场（5元）、上海体育场（10元）、上海国际会议中心（50元）、中华世纪坛（100元），统称为国家重点建设项目图印花税票。2001年版印花税票和纪念册由北京邮票厂承印，该版印花税票共印制1260万枚作为纳税凭证。票面特征：9枚印花税票，与以往设计不同，总体以蓝色为基调，蓝色代表庄严的国家税收，将标题"中华人民共和国印花税票"简称为"中国印花税票"，"CHINA"，规格为40×30mm，齿孔约为12.5度，印花边纸左下印有"2001"字样，右下角按面值大小顺序为该票的编号"9—X"，左上方印有面值，左下方有已镂空约2号篆体"税"字。防伪措施：一是全部采用防

伪纤维纸印制；二是图案右下方采用有色荧光油墨套印税徽（在紫光灯下显绿色）；三是图案左下方刮有漏空篆体"税"字；四是四角边孔采用"十"字异型孔。

小型张

150mm×90mm

国家重点建设项目图小型张　　面值100元

小版张

160mm×100mm

国家重点建设项目图小版张　　面值6角

第6章 改革开放后的印花税票

小全张
170mm × 140mm
国家重点建设项目图小全张　　面值168.8元

（1）新疆风力发电总厂：中国最大的风力发电厂，建设期1991年11月至2001年5月，位于新疆达坂城。

（2）秦山核电站：位于浙江省海盐县，建设期1985年3月至1991年12月，是中国自行研究设计，制造建设的第一座核电站。

（3）二滩水电站：位于四川攀枝花，1991年9月开工建设，1999年底建成，20世纪亚洲建成投产最大的水电站。

（4）九江长江大桥：位于江西九江，1973年12月开工建设，1992年公路桥建成，1995铁路桥建成。它是中国当时最长，工程量最大的公铁两用桥。

（5）广东港集装箱码头：位于广州市，1985年建成投产，具有装卸运输等多种功能，年吞吐量达142万吨标准箱。

（6）浦东国际机场：位于上海，1997年10月至1999年9月建成。年客运量2000万人次，货运吞吐量75万吨，可起降当今世界上最大的客机。

（7）上海体育场：位于上海，建设期为1994年9月至1997年9月。体育场设有600个席位的主席台，300个席位的记者台，100套豪华包厢，3层环形看台，可容纳8万名观众，是当时国内最优的大型体育场。

（8）上海国际会议中心：位于上海，为期两年建成，会议中心包括会议馆，宾馆客房，高级餐饮设施以及休闲场所。会议厅内采用了同声传译，立体扩音，摄录像装置等高科技，显示当时中国一流的高科技服务水平。

（9）中华世纪坛：位于北京市，为迎接21世纪而建的标志性建设。世纪坛由转动的"乾"和不动的"坤"组成。

6.3 中国的世界遗产图印花税票

国家税务总局于2003年印制发行"中国世界文化遗产图"印花税票一套9枚。图案采用中国世界遗产题材，面值（图名）分别是：1角（皖南古村落）、2角（苏州古典园林）、5角（莫高窟）、1元（大足石刻）、2元（大昭寺罗布林卡扩展项目）、5元（云冈石窟）、10元（长城）、50元（北京故宫）、100元（天坛）。

中国的世界遗产印花税票由北京邮票厂印制，九枚票规格为40毫米×30毫米，齿孔度数为12.5度，采用影写版印制，图案印有"中国印花税票CHINA",左下角印有"2003"字样,右下角按票面金额大小顺序印制有"9—X"序号。为纪念2003年版中国印花税票印制发行,特印制小型张一枚(选用1角、2角、1元、2元票)、六连张一枚(选用1角票)、小全张一枚,小本票一枚。其中小本票是2001年版印花税票品种中没有的,进一步丰富了印花税票的藏品种类。

1. 皖南古村落

皖南古村落位于安徽省黟县东,以西递村、宏村为代表。西递村面积近13公顷,已有950多年的历史,现有14世纪到19世纪的祠堂3幢、牌楼1座、古民居224幢。西递村至今完好地保存着典型的明清古村落风格,有"活的古民居博物馆"之称。宏村现存明、清古建筑137幢。2000年被列入《世界文化遗产名录》。

2. 苏州古典园林

苏州古典园林位于江苏省苏州市。苏州园林以拙政园、网师园、留园、沧浪亭、狮子林、环秀山庄等为代表,集中了江南园林建筑的精华,分别代表了宋、元、明、清不同时代的建筑风格。苏州古典园林巧妙地运用了对比、衬托、对景、借景、尺度变幻、层次配合和小中见大，以少胜多等造园技巧和手法，将亭、台、楼、阁、泉、石、花、木组合在一起，在都市中创造出人与自然和谐共处的居住环境，在世界园林发展史上占有无可替代的重要地位。1997年苏州古典园林被列入《世界文化遗产名录》。

3. 莫高窟

莫高窟位于甘肃省敦煌市鸣沙山东麓断崖上，俗称千佛洞，是世界上现存规模最大的佛教艺术宝库。莫高窟始凿于前秦建元二年（366年），以后历代相继凿建。洞窟分上下五层，高低错落，依次排列，南北长1600多米。其形制主要有禅窟、中心柱窟和覆斗顶窟。现存已编号洞窟492个，壁画4.5万多平方米，彩塑3000余尊，唐、宋木构建筑5座。1900年于藏经洞发现西晋至宋代经、史、子、集各类文书绘画作品5万余件。莫高窟集建筑、绘画、雕塑于一体，是中国内容最丰富的石窟艺术宝库。1987年莫高窟被列入《世界文化遗产名录》。

4. 大足石刻

大足石刻位于重庆市大足县境内，为唐、五代、宋时所凿造，明、清两代亦续有开凿。大足石刻分布于该县西南、西北和东北的山区，共

23处，较集中的有宝顶山、北山等19处。其中，以宝顶山摩崖造像规模最大，造像最精美。石窟中除佛像和道教造像外，还有儒、佛、道同在一龛窟中的三教造像，而以佛教造像所占比例最大。窟内石刻，具有浓厚的生活气息和多样的处理手法，并富于地方色彩。1999年大足石刻被列入《世界文化遗产名录》。

5. 布达拉宫——大昭寺、罗布林卡

布达拉宫位于西藏自治区拉萨市，是中国著名的宫堡式建筑群，藏传佛教名寺。其海拔3000多米，为纪念唐朝文成公主和西藏松赞干布的婚事而兴建，已有1300多年历史。宏伟壮丽的布达拉宫是西藏最珍贵的宗教、艺术和文化宝库，体现了藏式建筑的鲜明特色和汉藏文化融合的一些风格。大昭寺位于拉萨市中心的八廓街，始建于公元7世纪中叶。寺内布满藏式壁画，具有很高的史料、艺术价值。罗布林卡位于拉萨西郊，是历代达赖喇嘛的夏宫。

6. 云冈石窟

云冈石窟位于山西省大同市，依山开凿，东西绵延1公里。现存主要洞窟53个，造像5.1万余尊，是中国最大的石窟群。其始凿于北魏和平元年（460年），大部分完成于太和十八年（494年）迁都洛阳之前。佛像最高

者17米，最小者仅几厘米，以石雕造像气魄雄伟、内容丰富多彩见称。菩萨、力士和飞天等形象生动活泼，特别是平棋藻井上成群的飞天，凌空飞舞，姿态飘逸。其雕刻技艺，继承、发展了秦汉时代的艺术传统，吸收融合了外来的艺术精华，在中国艺术史上占有重要的地位。2001年云冈石窟被列入《世界文化遗产名录》。

7. 长城

举世闻名的中国古建筑万里长城，东起渤海湾山海关，西至甘肃省的嘉峪关。长城穿过崇山峻岭、山涧峡谷，绵延起伏，横跨中国北方七个省、自治区、直辖市。早在春秋战国时期，各国为了御敌，便据险修筑长城。秦统一中国后，把分段的防卫墙连接起来，建成规模宏伟的万里长城，以后各朝又陆续加固增修。到了明代（1368~1644年），在旧有的基础上逐渐改建成今天的面貌。万里长城气魄宏伟，是世界历史上伟大的工程之一。1987年长城被列入《世界文化遗产名录》。

8. 故宫

紫禁城，是明清两代的皇宫，是中国现存规模最大、最完整的古建筑群。故宫始建于明永乐四年至十八年（1406~1420年），后经多次重修与改建，仍保持原有布局。故宫占地约72万平方米，建筑面积约15万平方米，屋宇9000余间，周围宫墙高10余米，长约3公里，四角矗立风格绮丽的角楼，墙外有宽52米的护城河环绕。整个建筑群气势宏伟豪华，布局开阔对称，内外装饰壮丽辉煌，是中国古代建筑艺术的精华。1987年故宫被列入《世界文化遗产名录》。

9. 天坛

天坛位于北京市城南。其始建于明永乐十八年（1420年），清代曾重修改建，占地约270万平方米。天坛主要建有祈年殿、圜丘和皇穹宇，是明清两代帝王祭天和祈谷的场所。其有垣墙两重，形成内外坛，坛墙南方北圆，象征天圆地方。皇穹宇前是著名的回音壁和三音石。天坛为圜丘、祈谷两坛的总称，是中国现存最大的古代祭祀性建筑群。1998年天坛被列入《世界文化遗产名录》。

6.4　青花瓷图印花税票

1. 元·青花釉里红镂花开光花卉纹盖罐

元·青花釉里红镂花开光花卉纹盖罐，罐直口，短头，溜肩，鼓腹下收至平底，扭盆式盖。其盖顶堆塑坐狮纽，盖面绘青花莲瓣纹、卷草纹和回纹，颈部绘水托白莲数朵。腹部四面堆贴菱花形垂云，内有镂雕四季园景，以青获演染枯叶。釉甲红涂笔山石和花朵，色泽浓艳，该罐集造型、绘画、镂雕、贴塑、青花、釉里红等多种装饰技法于一身，代表了元代瓷器制造的最高成就。

2. 元·青花云龙纹四系扁方瓶

瓶唇口，短颈，圆肩，扁方体。肩两侧各有两条向上爬行状青花坟龙，组成双系，通体绘青花，颈部绘卷草纹；两面上部绘如意状石肩纹；内绘花卉凤纹；下部绘海水三爪云龙；两侧绘如意纹和花卉纹。造型别致，同类型制传世极少，堪称佳品。

四系：该瓶颈肩处有四个圆环形泥条系，是为了系绳，便于提拿，携带方便，一般这类瓶多是用来装酒，以便打酒携带方便。

3. 明·青花折枝菊纹执壶

壶口微撇，颈细长。圆腹，圈足，肩上置长流，流与颈间连一横片，另一侧有曲柄，柄连于颈、腹之间，柄上端有一小纽；通体青花装饰，外口回纹一周。其下有焦叶、回纹、缠枝灵芝各一周；腹部绘折枝菊、牡丹各二；近底部绘变形莲瓣，足边为卷枝纹，流及柄面均绘缠枝花卉。壶盖为两层台式，盖项有一圆纽，盖面绘缠枝花卉。

4. 明·青花红彩鱼藻纹盖罐

通体用青花绘鱼藻莲花纹。藻泽间有不同姿态的游鱼，鱼体较前期的肥大，鱼身施以红彩。彩下以黄色为地，鱼鳞及鱼身轮廓均用褐彩勾勒，这又是红彩的另一作风。整个盖罐绘工精细、釉色光润，是明代具有代表性的瓷器之一。

5. 明·青花桃竹纹带盖梅瓶

瓶小口，圆唇，短颈，丰肩，收腹束胫，隐圈足，摇铃式盖，子母口。盖上绘莲瓣及折枝花果纹，肩部绘如意云头纹，内绘折枝花卉，腹部绘碧桃竹枝，胫部绘缠枝灵芝纹。青花色泽浓艳，构图疏密有致。造型端庄，胎质洁白，釉色莹润。

6. 清·青花缠枝连纹双耳尊

尊直口，短颈，饰对称鸠耳衔环，圆腹下垂，圈足微撇。颈饰缠枝宝相花，腹饰缠枝花，整体辅以缠枝灵芝、变形如意云头、变形莲瓣、忍冬纹等边饰，底书青花"大清乾隆年制"篆书款。质地坚硬致密，瓷质精细，釉色白润匀净。

7. 清·青花红彩花卉纹双耳瓶

瓶撇口，短颈饰对称螭耳，鼓腹，圈足。通体绘青花红彩西番莲，辅以如意云头、朵花、折枝花、万字形花、变形焦叶、变形莲瓣、点珠纹等边饰。底有青花六字篆书款"大清乾隆年制"。此瓶用彩淡雅清新，装饰吸收了西洋艺术风格，堪称中西合璧的佳品。

8. 明·青花龙穿花卉纹大盘

该盘撇口，弧腹，圈足。盘内及外壁均绘龙穿花卉纹，外底书青花"大明正德年制"六字双行楷书款。青花色调蓝中泛灰，晕而不散，代表了这一时期的艺术风格。龙穿花卉纹是正德时期常用的纹饰之一。整体釉面细腻润泽，清新淡雅，堪称佳品。

9. 清·青花折枝花卉纹六方贯耳瓶

瓶体六方形，撇口，直颈内弧，折肩，鼓腹，圈足。颈部有对称的管状贯耳，因而得名。口沿下绘一周回纹，回纹下及圈足上绘折枝花卉。颈部绘海水纹，腹部每个棱面绘折枝番莲纹。底足内书青花"大清乾隆年制"六字三行篆书款。

6.5 保护环境图印花税票

国家税务总局于2006年推出了以环境保护为题材的新版印花税票。该版印花税票由著名邮票设计家陈楠设计，9枚印花税票图案均采用装饰画设计形式，清新雅致，面值（图名）分别是：1角（使用可替代能源）、2角（选用无磷洗涤用品）、5角（选择公交出行）、1元（选购小排量汽车）、2元（垃圾分类投放）、5元（回收电池、家电）、10元（执行室温调节最低标准）、50元（一水多用）、100元（减少使用塑料袋）。票面印有"中国印花税票CHINA"铭记和"保护环境　从我做起"主题文字，印有"2006"年号，并按票面金额大小顺序印有"9—X"志号。2006年版印花税票规格为40毫米×30毫米，齿孔度数为12.5度，附票规格为25毫米×30毫米，北京邮票厂采用六色影写版印制。环境保护印花税票还特别印制了小型张、六连张、小全张、小本票等。

（1）使用可替代能源：中国人均能源可采储量远低于世界平均水平，解决能源危机的唯一出路是，在尽量节约使用现有能源的同时寻找并大力发展新的替代能源。

（2）使用无磷洗涤用品：我国水污染状况相当严重，在水污染中，由生活污水造成的污染占相当大的比重，避免污染的根本途径在于减少磷的排放，为了保护环境和自身的健康，我们应该选择无磷洗涤用品。

（3）选择公交出行：公交出行可以最大限度地提高能源、道路、停车场等的利用效率，降低污染，减少拥堵，改善城市环境。

（4）选购小排量汽车：中国是世界第二大石油消费国，但自给自足的能力严重不足，40%以上依靠进口，所以在买车时应该树立节约型的消费观念，尽量选购小排量汽车，为节能环保做出贡献。

（5）垃圾分类投放：垃圾填埋不仅占用宝贵的土地资源，而且会对地下水造成严重污染，同时浪费掉大量可回收利用资源，垃圾分类，我们的举手之劳，就可以产生一个使资源循环再生的社会。

（6）回收电池、家电：废旧的电池、家电如果经过回收、加工，不仅可以最大限度地减轻污染，并且电子垃圾中60%~80%的大量可回收物质可以形成再生资源。

（7）执行室温调节最低标准：为了节约能源，我们应该积极响应中央提出的最低标准的号召，设置温度时夏天不低于26℃，冬天不高于18℃。

（8）一水多用：中国水资源总量丰富，但是人均水资源占有量却不足世界人均的1/4，是世界12个缺水国之一，因此，我们在日常生活中必须提高节水意识，做到一水多用。

（9）减少使用塑料袋：废弃的塑料垃圾的回收难度极大，回收后的利用价值又很低，为了保护环境，我们应该减少使用塑料袋以及其他各种一次性塑料制品。

6.6 国家自然保护区图印花税票

国家税务总局于2007年印制发行国家级自然保护区印花税票。该印花税票全套9枚，图案采用国家级自然保护区题材，面值（图名）分别是：1角（可可西里自然保护区·藏羚）、2角（武夷山自然保护区·金斑喙凤蝶）、5角（扬子鳄自然保护区·扬子鳄）、1元（卧龙自然保护区·大熊猫）、2元（双台河口自然保护区·白鹤）、5元（雅鲁藏布大峡谷自然保护区·黑头角雉）、10元（梵净山自然保护区·黔金丝猴）、50元（长白山自然保护区·东北虎）、100元（西双版纳自然保护区·亚洲象）。9枚票规格均为50毫米×30毫米，齿孔度数为12.5度，由国家邮政局邮票印制局采用影写版印制。图案上印"中国印花税票CHINA"，右下角印有"2007（9—X）"，表明2007年版和按票面金额从大到小的顺序号。

1. 西双版纳自然保护区·亚洲象

西双版纳自然保护区建于1958年，位于云南西双版纳傣族自治州，面积24万公顷有余，热量充足，年平均气温在21℃以上。其降水量丰富，年降水量在1000～2000毫米之间。一年分为干湿两季，全年大多为静风环境。主要保护对象为热带森林生态系统和珍稀动植物，其中重点保护动物有36种。

亚洲象遍布在东南亚各地区，最宜于在密林和江河地区工作。每只象的劳动力能抵20~30个人，能努力工作20年。

中国境内目前只剩下云南西双版纳一带才能找到其足迹。据1980年调查，西双版纳自然保护区180头。野外亚洲象种群数量从19世纪早期至今已经下降了97%，而且一直呈下降趋势。亚洲象孕期为600~640天，每胎产1仔，平均寿命为65~70岁，体重达3~5吨。

2. 长白山自然保护区·东北虎

长白山自然保护区建于1960年，位于吉林省，总面积约20万公顷，主要保护对象为温带森林生态系统、自然历史遗迹和珍稀动植物。

东北虎属西伯利亚虎，是现存体重最大的肉食性猫科动物。性凶猛，行动迅捷，善游泳，善爬树，很少袭击人类。东北虎主要捕食鹿、羊、野猪等大中型哺乳动物，捕食方式为偷袭。东北虎列入《世界自然保护联盟》（IUCN）2011年濒危物种红色名录，也列入《华盛顿公约》CITES Ⅰ级保护动物。东北虎最大体重达到350千克以上，孕期为103~105天，一胎生2~4仔，2~3年生产一次，野生寿命15~17年，最高为20年。

3. 梵净山自然保护区·黔金丝猴

梵净山国家级自然保护区位于贵州省东北部，保护区总面积4.19万公顷，1978年确定。其主要以黔金丝猴、珙桐等珍稀动植物为保护对象。年降水量在1100~2600毫米，是贵州省降雨量最多的地区，气象万千。

黔金丝猴体长64~73厘米，尾长70~97厘米，重量8~15千克。其是群居性动物，一般150~250只群居生活。黔金丝猴列入世界自然保护联盟EN（濒危）级别，属于国家一级保护动物。

4. 雅鲁藏布大峡谷自然保护区·黑头角雉

雅鲁藏布大峡谷位于西藏自治区东南部，雅鲁藏布大峡谷长504.6千米，平均深度5千米，最深处达6009米，是世界第一大峡谷。

与闻名于世界的四大峡谷比较：美国落基山西坡的科罗拉多大峡谷全长446千米，最深处2133米；秘鲁科尔卡峡谷3200米；尼泊尔喀里根德格峡谷4403米；中国雅鲁藏布大峡谷全长504.6千米，最深处6009米。

雅鲁藏布大峡谷自然保护区主要保护对象为黑头角雉，黑头角雉全长648~735毫米，喜欢单独活动，冬季结有小群。黑头角雉飞翔与扩散能力较弱，躲避天敌能力相对较差。其属单一物种，无亚种（亚种是指某种生物分布在不同地区的种群，由于受所在地区生活环境的影响，它们在形态构造或生理机能上发生某些变化，这个种群就称为某种生物一个亚种）。

黑头角雉在中国境内只存在于西藏阿里地区狮泉河流域，为留鸟。其被列入《濒危野生动植物种国际贸易公约》。

5. 双台河口自然保护区·白鹤

双台河口国家级自然保护区位于辽宁省境内，总面积12.8万公顷。其主要保护对象为丹顶鹤、白鹤等珍稀水禽。保护区内生物资源极其丰富，仅鸟类就有191种，其中属国家重点保护动物有白鹤等28种，是多种水禽的繁殖地、越冬地和众多迁徙鸟类的驿站。

白鹤是大型涉禽，体长130~140厘米，分布于中国、印度、伊朗、阿富汗和日本等地。其性胆小而机警，稍有动静，立刻起飞。飞行时成"一"字或"人"字队形。它是单型种，无亚种分化。在鸟类濒临绝种的原因中，栖息地破坏和改变占60%，人类捕杀占29%。白鹤被列入《世界自然保护联盟》（IUCN）2012年濒危物种红色名录，90%以上的白鹤东部种群在鄱阳湖越冬。

6. 卧龙自然保护区·大熊猫

卧龙自然保护区位于四川省汶川县西南部，距成都130公里，交通便利。卧龙自然保护区是国家级第三大自然保护区，总面积约70万公顷。保护区中主要有大熊猫等珍稀动物。

大熊猫，有着圆圆的脸颊、大大的黑眼圈、胖嘟嘟的身体、标志性的内八字的行走方式，也有解剖刀般锋利的爪子。大熊猫是世界上最可爱的动物之一。其已在地球上生存了至少800万年，被称为"活化石""中国国宝"。大熊猫最初是吃肉的，后来99%的食物都是竹子，发怒时危险性堪比其他熊种。大熊猫的视觉极不发达，这是由于其长期生活于密密的竹林里，光线很暗、障碍物又多，致使其目光变得十分短浅。大熊猫最喜欢的姿势便是腿撑在树上，并用手遮住眼睛。大熊猫体重80~120千克，最重可达180千克。野外大熊猫的寿命为18~20岁，圈养状态下可以超过30岁。

7. 扬子鳄自然保护区·扬子鳄

安徽宣城扬子鳄自然保护区是世界上唯一的扬子鳄保护区。1983年在保护区内设立扬子鳄繁殖研究中心，建成小型饲养库塘8座，分年饲养池10个，繁殖区1处，孵化、饲养、越冬系统1座。扬子鳄在人工饲养条件下较难繁殖。1980年，中国繁育出第一个幼鳄，成为人工饲养条件下繁殖成功的先例。经过几年试验，人工孵化成活率能达95.4%。

扬子鳄身长1~2米，体重约为36千克。其头部扁平，眼睛呈土色，吻突出。四肢粗短，前肢5指，后肢4趾，趾间有蹼爬行和游泳都很敏捷。尾长而侧扁，粗壮有力，在水里能推动身体前进，又是攻击和自卫的武器。扬子鳄白天隐居在河岸两旁洞穴中，夜间出外捕食。其喜欢栖息在湖泊、沼泽的滩地或丘陵山涧长满乱草蓬篙的潮湿地带。中国政府将扬子鳄列为国家一级保护珍稀动物。

8. 武夷山自然保护区·金斑喙凤蝶

武夷山自然保护区位于武夷山脉北段的最高部位，平均海拔1200米。保护区地处中亚热带，年平均气温约12℃~13℃，年降水量在2000毫米以上，是福建省降水量最多地区。

保护区森林覆盖率达95%，哺乳动物100余种，鸟类约400余种，鱼类也有30余种，昆虫种类估计可达2万余种之多。

金斑喙凤蝶，体长30毫米左右，两翅展110毫米左右。其前翅上各有一条弧形金绿色的斑带，后翅中央有几块金黄色的斑块，后缘有月牙形的金黄色的斑，后翅的尾状突出细长，末端一小截金黄色。其姿态优美，犹如华丽高贵、光彩照人的"贵妇人"，因此被称为"蝶中皇后"。其主要分布在福建、江西、广西、海南等地。

9. 可可西里自然保护区·藏羚

可可西里自然保护区位于青海省玉树藏族自治州西部，总面积450万公顷，主要是保护藏羚羊、野牦牛、藏野驴、藏原羚等珍稀野生动物的栖息环境。保护区内哺乳类动物有30种，鸟类有56种。

藏羚羊体长135厘米，体重45~60千克，雄性具黑色长角，栖息于海拔3700~5500米的高山草原、草甸和高寒荒漠地带。藏羚羊可结成上万只的大群。2008年北京奥运会吉祥物之中的福娃迎迎便是以藏羚羊为蓝本。

6.7 中国戏曲图印花税票

1. 发行情况

2008年10月，国家税务总局发行了中国戏曲图印花税票。该票全套9枚，图案选用9个剧种的戏曲人物，票面价值为1角、2角、5角、1元、2元、5元、10元、50元、100元。图案左侧印有"中国印花税票CHINA"；左下侧印有"2008"，右下侧印有"9—X"，表明2008年版和票面金额从小到大的顺序号。

2008年版印花税票印制有副联，图案为9个纳税大户名称及企业图标。

这套印花税票由著名邮票设计师王虎鸣设计，邮票印制局采用影写版印制。这套印花税票的规格均为40毫米×30毫米，副联的规格为20毫米×30毫米。

2. 具体内容

（1）京剧—空城计—诸葛亮：京剧，曾称平剧，腔调以西皮、二黄为主，用胡琴和锣鼓等伴奏；表现手法为唱、念、打、坐，有各种象征性的动作；舞台上的角色划分为生、旦、净、丑四种类型。

《空城计》：明罗贯中据郭冲《条诸葛亮五事》（按系民间传说）中之第三事，渲染而成《三国演义》第九十五回。其情节为街亭失守，司马懿大军直逼西城，诸葛亮无兵御敌，却大开城门，并在城楼抚琴，司马懿疑有埋伏，遂退兵。后以"空城计"泛指掩饰自己力量空虚、迷惑对方的策略。

（2）豫剧—花木兰—花木兰：豫剧，起源于中原（河南），是在河南梆子的基础上发展起来的。唱腔分为祥符调、豫东调、沙河调、豫西调。角色行当由"生旦净丑"组成，按一般的说法是四生、四旦、四花脸。

《花木兰》：南北朝时期，花木兰女扮男装，代父从军。在12年军旅生涯里，花木兰屡立奇功，成为将军，平息边疆战乱并在战事结束后，着女装，表明自己的身份，最后留在家园，孝敬父母。

（3）秦腔—龙凤阁—徐彦召：秦腔，起于西周，成熟于秦，流行于中国西北的陕西、甘肃等地，又因其以枣木梆子为击节乐器，所以又叫"梆子腔"。咸阳秦腔唱腔，分板式和彩腔两部分，每个部分均由"苦音"和"欢音"（又称花音）两种声腔体系组成。秦腔的角色有"十三门二十八类"之说。各门角色都有独特的风格和拿手戏。秦腔的脸谱讲究庄重、大方、干净、生动和美观，颜色以三原色为主，间色为副，平涂为主，烘托为副，所以极少用过渡色。

《龙凤阁》：明皇帝驾崩，太子年幼，外戚李良欲夺大明江山，徐彦召等老臣领兵勤王，诛杀了李良。全剧由《大保国》《探皇陵》《二进宫》三出戏组成。

（4）评剧—花为媒—张五可：评剧，流传于中国北方的一个戏曲剧种，清末在河北滦县一带的小曲"对口莲花落"基础上形成。评剧的艺术特点是：以唱工见长，吐字清楚，唱词浅显易懂，演唱明白如诉，表演生活气息浓厚，有亲切的民间味道。评剧唱腔是板腔体，有慢板、二六板、垛板和散板等多种板式。它的形式活泼、自由，善于表现现实生活。

《花为媒》：改编自古典名著《聊斋志异》中《王桂庵》及所附《寄生》篇，是评剧经典剧目，喜剧。最初由评剧创始人成兆才改变为舞台剧，后由著名剧作家吴祖光改编，1963年拍摄为戏曲电影。该片讲述了一段爱情故事。

（5）黄梅戏—女驸马—冯素珍：黄梅戏，原名黄梅调、采茶戏等，起源于湖北黄梅县。黄梅戏唱腔淳朴流畅，以明快抒情见长，具有丰富的表现力；表演质朴细致，以真实活泼著称。黄梅戏的唱腔属板式变化体，有花腔、彩腔、主调三大腔系。黄梅戏的服装以唐宋明时期的为多，清雅秀丽、自然隽永，自成一段风流。黄梅戏妆容重眉眼，戏装讲究晕染、讲究神韵，类似于古代仕女的淡妆，真实质朴。

《女驸马》：冯素贞与李兆廷自幼相爱，婚后由于家境败落，继母逼退婚。素贞被迫进京应试，中状元，被招驸马，洞房之夜实情相告于公主，帝赦免之罪，冯李终成眷属。

（6）粤剧—昭君出塞—王昭君：粤剧，又称"广东大戏"或者"大戏"，广东传统戏曲之一，源自南戏，流行于岭南地区等粤人聚居地。粤剧演员的表演工艺为唱功、做功、念白、武打。行当分类为文武生、小生、正印花旦、二帮花旦、丑生、武生。传统粤剧服装可分为：蟒、靠、褶子、开氅、官衣、帔、衣。

《昭君出塞》：根据历史故事改编，汉元帝时期王昭君奉命与匈奴和亲，来到大汉边界，为抒发自己背井离家的痛苦而弹起琵琶。

（7）川剧—白蛇传—紫金铙钹：川剧，主要流行于中国西南地区川渝云贵四省市的汉族地区，是融汇高腔、昆曲、胡琴（即皮黄）、弹戏（即梆子）和四川民间灯戏五种声腔艺术而成的传统剧种。川剧由昆曲、高腔、胡琴、弹戏、灯调五种声腔组成，分文生、旦角、生角、花脸、丑角5个行当。其中，川剧中最有名的技巧为变脸，它有拭、揉、抹、吹、画、戴、憋、扯几种方法。

《白蛇传》：川剧经典剧目，改编自民间传说。描述的是一个修炼成人形的蛇精与人的曲折爱情故事。故事包括篷船借伞，白娘子盗灵芝仙草，水漫金山，断桥，雷峰塔，许仙之子仕林祭塔，法海遂遁身蟹腹以逃死等情节。

（8）越剧—红楼梦—林黛玉：越剧，起源于"落地唱书"，在发展中汲取了昆曲、话剧、绍剧等特色剧种之大成，经历了由男子越剧到女子越剧为主的历史性演变。越剧长于抒情，以唱为主，声音优美动听，表演真切动人，唯美典雅，极具江南灵秀之气；多以"才子佳人"题材为主，艺术流派纷呈，公认的就有十三大流派之多。

《红楼梦》：越剧经典曲目，以宝黛的爱情悲剧为主线。

（9）昆曲—十五贯—娄阿鼠：昆曲，又称昆剧、昆腔、昆山腔，是一种歌、舞、介、白各种表演手段相互配合的综合艺术，长期的演剧历史中形成了载歌载舞的表演特色。昆剧行腔优美，以缠绵婉转、柔漫悠远见长。昆剧表演的最大的特点是抒情性强、动作细

腻,歌唱与舞蹈的身段结合得巧妙而谐和。

《十五贯》:昆曲著名曲目。1956年,浙江昆剧团改编演出的《十五贯》在全国产生广泛的影响,周总理曾感慨地说:"一出戏救活了一个剧种。"该剧改自清代朱素臣著名的传奇作品《十五贯》(又名《双熊记》),该编本保留了娄阿鼠因盗十五贯而杀死肉店主人尤葫芦,知县主观臆断熊友兰、苏成娟为凶手的情节,揭露批判了主观臆断和循规蹈矩的官僚作风,歌颂了实事求是的精神。

6.8 中国古代圣贤故事图印花税票

1. 发行情况

2009年5月,国家税务总局发行了中国古代圣贤故事图印花税票。该套票共9枚,主题是"古道照颜色",图案选用9个中国古代圣贤故事构图,面值分别为:1角、2角、5角、1元、2元、5元、10元、50元、100元。

该组图由著名国学大师范曾绘画创作,票面由其弟子画家邹玉利设计,北京邮票厂影写凹版印制,采用5种防伪措施。

为纪念2009年版印花税票的印制发行,国家税务总局还印制了小型张1枚、小版张1枚、小全张1枚、小本票1本还有无面值特种纪念票2枚。

2. 具体情况

(1)老子出关:老子,姓李名耳,字伯阳,是中国古代哲学家、思想家,道家学派的创始人。楚国人,生卒年不详。据传老子晚年东出函谷关,出关前应关尹之请,著《道德经》,五千言,即《老子》。

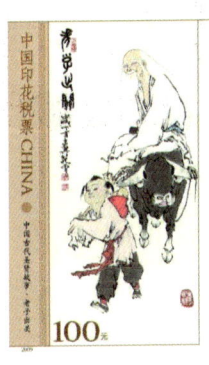

(2)子贡劝农:子贡,姓端木,名赐,魏国人,孔门十哲之一,以言语优异,善于货殖著

称。子贡在从学孔子之前已经是个商人,他在向孔子问政的过程中体会了孔子"重民食"的思想,因此后世之农家学派,皆将子贡作为一个注重农耕的代表人物。

（3）庄子梦蝶：庄子名周,战国时期宋国人,道家学派代表人物。《庄子·齐物论》中讲述一个奇妙的故事,庄子梦见自己变成蝴蝶,醒来后,惊惶不定之间方知原来自己是庄周。于是庄子感慨：不知是庄周梦中变成蝴蝶呢,还是蝴蝶梦中变成庄周呢？

（4）屈原天问：屈原名平,战国时期楚国人。中国著名诗人,创立"楚辞"文体,奠定中国诗歌"香草美人"的传统。《天问》是屈原的名篇,是屈原对于天地、自然和人世等一切事物现象的发问。诗篇从天地离分、阴阳变化、日月星展等自然现象,一直问到神话传说乃至圣贤凶硕和战乱兴衰等历史故事,表现了屈原对某些传统观念的大胆怀疑,以及他追求真理的探索精神。

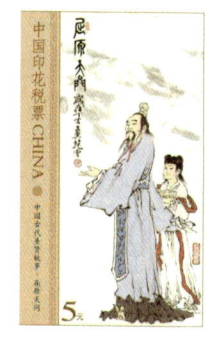

（5）羲之爱鹅：王羲之字逸少,东晋时期著名书法家,有"书圣"之称。羲之爱鹅在民间可谓家喻户晓。据《晋书·王羲之传》记载：会稽有一个孤老太太养了一只好鹅,王羲之派人去买,老太太不卖。王羲之就邀了朋友前去观赏。老妪听说王羲之要来,就杀了鹅准备款待他,王羲之一到,见鹅已死,叹息终日。又山阴县玉皇观有个老道士,希望得到一本王羲之手书的《黄庭经》,他得悉王羲之爱鹅,遂精心调养一批良种白鹅,每日于王羲之与友人郊游处放养。王羲之终于"偶然"碰见了这群白鹅,十分惊喜,便想

要买下白鹅,道士说："你只要给我写一篇《黄庭经》,我就将这些鹅悉数相赠。"王羲之欣然写毕,笼鹅而归,欢喜异常。

（6）太白仙游：李白,字太白,号青莲居士,唐代伟大的浪漫诗人,后世称为"诗仙"。李白一生"好入名山游",足迹遍布大江南北,每至辄

有诗篇抒发情怀,其诗风豪放飘逸,想象瑰丽雄奇。

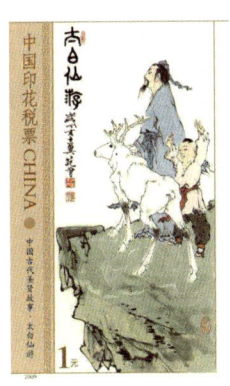

(7)仲淹怜渔:范仲淹字希文,死后谥号文正,史称范文正公,苏州吴县人。北宋杰出的思想家、政治家、文学家。"仲淹怜渔"出自范仲淹的诗篇《江上渔者》。全诗如下:江上往来人,但爱鲈鱼美。君看一叶舟,出没风波里。范仲淹对出没风波的渔者给予了深切的同情和悲悯。

(8)东坡赏砚:苏轼,字子瞻,又字和仲,号铁冠道人、东坡居士,世称苏东坡、苏仙。苏轼是眉州眉山人,北宋文学家、书法家、画家。古人有"武夫宝剑,文人宝砚"之说,认为"文人有砚,犹美人有镜也,一生之中最相亲傍"。宋代大文豪苏东坡好砚成嗜癖,把太多的赏识与歌咏赋予了砚,身后流传很多"东坡得砚"故事,也是历代画家绘之不厌的题材。

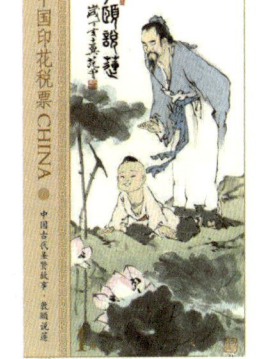

(9)敦颐说莲:周敦颐,又名周元皓,原名周敦实,字茂叔,谥号元公,世称濂溪先生,北宋道州营道楼田堡人,北宋著名理学家。"敦颐说莲"出自周敦颐的名篇《爱莲说》,这篇文章通过对莲的形象和品质的描写,歌颂了莲花坚贞的品格,从而也表现了作者洁身自爱的高洁人格和洒落的胸襟。

为纪念2008年版印花税票的印制发行,国家税务总局除特别印制了小型张1枚(选用1角、2角、1元、2元票)、小版张1枚(选用1角票)、小全张1枚、小本票1本之外,还设计印制了特种纪念票2枚(无面值)。

小型张1枚（选用1角、2角、1元、2元票）

小版张1枚（选用1角票）

小全张1枚

第6章 改革开放后的印花税票

小本票

特种纪念票2枚,这2枚特种纪念票的图案分别是:中国京剧脸谱、中国戏曲服饰道具。

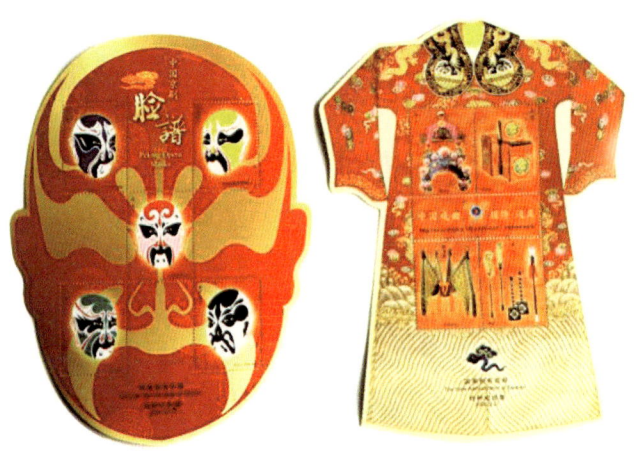

143

6.9 牡丹呈祥图印花税票

1. 发行情况

为迎接新中国成立60周年大庆，国家税务总局在2009年5月发行中国古代圣贤故事图印花税票的同时，发行了牡丹呈祥图印花税票。牡丹呈祥图印花税票一共9枚，面值分别为1角、2角、5角、1元、2元、5元、10元、50元、100元。发行量为5500万枚，各面值发行量分别为1角票150万枚、2角票100万枚、5角票100万枚、1元票400万枚、2元票100万枚、5元票1650万枚、10元票1200万枚、50元票900万枚、100元票900万枚。

牡丹呈祥图原画由著名画家周彦生创作，票面由阎炳武、刘钊设计。

2. 牡丹介绍

牡丹是我国特有的木本名贵花卉，花大色艳、雍容华贵、富丽端庄、芳香浓郁，而且品种繁多，素有"国色天香""花中之王"的美称，长期以来被人们当作富贵吉祥、繁荣兴旺的象征。牡丹以洛阳、菏泽牡丹最负盛名。牡丹在我国已有1900多年的栽培历史。牡丹以其雍容华贵、美艳绝伦而被称作花中之王，历来被奉为庭园观赏花卉的上品。牡丹象征着富贵、吉祥、幸福、繁荣。千百年来，其天姿国色为天下花圃争辉，更为历代诗人、书画家称颂。

3. 税票欣赏

牡丹呈祥图印花税票总共也是9枚，面值（图名）分别是：

1角（洛阳牡丹·芳菲祥瑞）、2角（洛阳牡丹·牡丹绝色三春暖）、5角（洛阳牡丹·富贵长寿）、1元（洛阳牡丹·露浓凝香）、2元（洛阳牡丹·春酣国色）、5元（洛阳牡丹·丹心独抱）、10元（洛阳牡丹·春风富贵）、50元（洛阳牡丹·韵胜西施）、100元（洛阳牡丹·露花倩影）。

图案下面印有"中国印花税票CHINA"，底部左侧印有"2009"，底部右侧印有"9—X"，表明2009年版和按票面金额从大面额到小面额的顺序号。税票打孔尺寸为38mm×50mm，齿孔度数为12.5×12.5度。

为纪念此次印花税票的印制发行，国家税务总局除特别印制了小型张1枚（选用1角、2角、1元、2元票）、小版张1枚（选用5元票）、小全张1枚、小本票1本之外，还设计印制无面值特种纪念票2枚。该套印花税票

第6章 改革开放后的印花税票

采用以下防伪措施：

一是采用6色影写凹版印刷；

二是采用红色防伪油墨印刷；

三是采用椭圆形异形齿孔，在左右两边的居中位置；

四是采用第二代彩色荧光点防伪邮票纸印制；

五是每版右下角有6位连续喷墨号码。

"洛阳牡丹图"特种纪念票有两枚，分别是题为"唯有牡丹真国色，花开时节动京城"的三幅牡丹图和范曾的书法题诗《七律·祖国颂》，票头印有"祖国万岁"的四方题。

露花倩影		韵胜西施	
春风富贵		丹心独抱	
春酣国色		露浓凝香	

富贵长寿	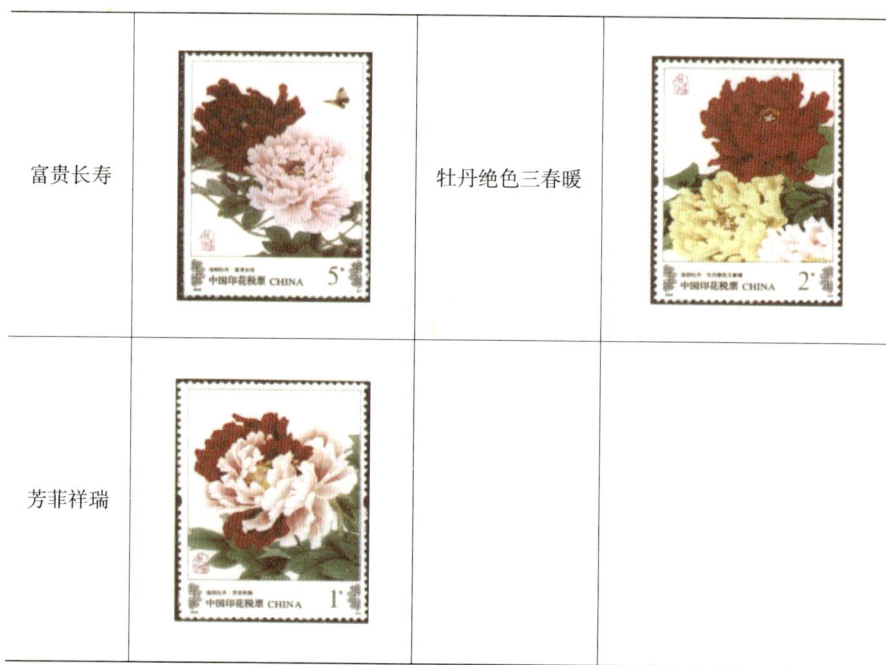	牡丹绝色三春暖	
芳菲祥瑞			

特别印制

国家还特别印制了小型张一枚、小版张一枚、小全票一枚、小本票一本。

小型张　　　　　　　小版张

小全票　　　　　　　　　　　　　小本票

6.10　故宫珍宝图印花税票

2012年版印花税票以"故宫珍宝"为题材，一套9枚，各面值（图名）分别是：1角（清·粉彩紫地勾莲纹如意耳葫芦式瓶）、2角（元·掐丝珐琅缠枝莲纹藏草瓶）、5角（清·描金彩漆丹凤图瓶）、1元（清·剔红芙蓉纹瓶）、2元（清·青花釉里红折枝三果纹扁瓶）、5元（清·金嵌珠宝金瓯永固杯）、10元（汉·玉长乐谷纹璧）、50元（清·珐琅彩天蓝地折枝花卉纹灯笼式瓶）、100元（清·金錾云龙纹嵌珠宝葫芦式执壶）。

2012年版印花税票《故宫珍宝》共发行1.05亿枚。各面值发行量分别为：1角票400万枚，2角票100万枚，5角票300万枚，1元票1400万枚，2元票500万枚，5元票4000万枚，10元票1600万枚，50元票400万枚，100元票1800万枚。

2012年中国印花税票《故宫珍宝》采取了5项防伪措施：

（1）采用6色影写凹版印刷；

（2）采用特制红色防伪油墨；

（3）采用椭圆形异形齿孔，左右两边居中；

（4）采用100（±2）g/m^2防伪荧光点邮票纸；

（5）每版税票右下角喷7位连续墨号。

具体有以下9枚：

1. 清·粉彩紫地勾莲纹如意耳葫芦式瓶

该瓶胎质精细，釉面光洁，葫芦形象丰满，此瓶造型古朴端庄，外壁以胭脂红釉为底，极为喜庆，绘画突出缠枝宝相花等纹饰为主体图案，并辅以蝙蝠等祥瑞图案，寓意"福寿连绵""江山万代"，葫芦谐音"福禄"，是最原始的吉祥物之一，常悬挂以避邪、招宝。

2. 元·掐丝珐琅缠枝莲纹藏草瓶

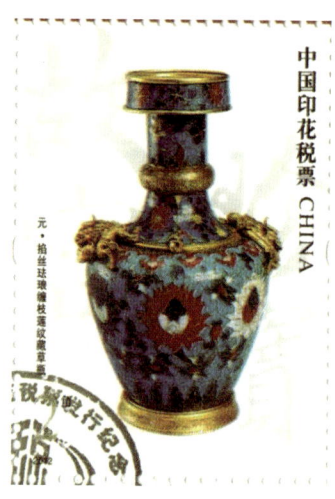

瓶作盘口，直颈，丰肩，敛腹。通体浅蓝色珐琅地，瓶腹掐丝填红、白、紫、黄色珐琅缠枝莲纹。花朵硕大，枝叶肥厚，伸展自如。肩部又加饰铜镀金盘龙两条，整体流光溢彩。其珐琅质地细腻洁净，色彩纯正，其中的墨绿和紫色呈半透明状，宛如晶莹的宝石，是元代珐琅独有的特点。

3. 清·描金彩漆丹凤图瓶

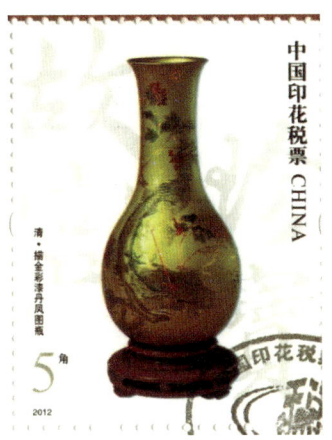

瓶作撇口，直颈，丰肩，鼓腹，器形修长。通体以金黄色漆为地，以描金彩漆为纹。器身绘凤凰一只，其足踏秀石，回首眺望，长尾拖地，姿态优雅，身后衬以盛开的牡丹，可谓一幅美丽的漆画。该瓶胎体轻薄，色彩柔和，描绘细致，为福建漆代表作。

4. 清·剔红芙蓉纹瓶

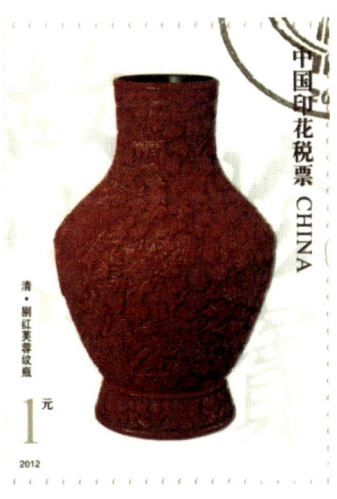

瓶作直口，丰肩，敛腹，形体硕大。通体厚重的红漆，以水纹锦为地，其上雕满芙蓉花卉纹。一株芙蓉花枝干遒劲粗壮，花繁叶茂，生机盎然，洋溢着热烈和喜庆。剔红外底中心阴刻戗金"大清乾隆年制"楷书款。

5. 清·青花釉里红折枝三果纹扁瓶

壶唇口,短颈,颈、肩相交处置对称灵芝形耳,扁圆腹,圈足外撇。主体青花釉里红绘石榴、蟠桃、福橘,辅以青花回纹、缠枝莲、缠枝灵芝等边饰。底青花书"大清雍正年制"六字篆书款。此壶为雍正官窑新创的造型,富有皇家气派。

6. 清·金嵌珠宝金瓯永固杯

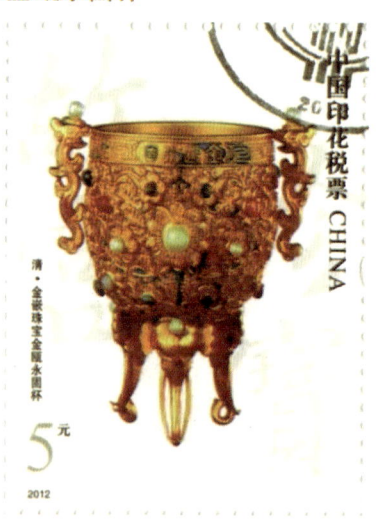

珍宝馆中展出的这件金瓯永固杯是清宫礼制用器,黄金质地,鼎式,圆形,直口。口沿鋄回纹一周,一面中部錾篆书"金瓯永固",一面錾"乾

隆年制"四字。外壁满錾宝相花，花蕊以珍珠及红、蓝宝石为主。两侧各有一变形龙耳，龙头上有珠。三足皆为象首式，象耳略小，长牙卷鼻，额顶及双目间镶嵌珠宝。

"金瓯"初为盛酒器皿，后比喻疆土、政权。此杯周身嵌满珍珠、宝石，是清代皇帝举行元旦开笔仪式时专用的酒杯。金瓯永固杯在清代被视为镇国之宝，世代相传。

7. 汉·玉长乐谷纹璧

玉璧呈青褐色，有沁斑。体扁圆形，上部有出廓，两面纹饰完全相同。璧两面雕谷粒纹，内外缘各饰凸弦纹一周，出廓部分正中镂刻"长乐"二字，字体圆润浑厚。字两侧对称透雕独角螭龙，两螭龙嘴部分分别吻"长"字的两侧，以阴线饰龙身和身上的云纹。在古代，璧的用途极为广泛，或为礼器，或为瑞执，或为珍宝，造型也多种多样。此璧流传至清代被收入宫中。清乾隆皇帝非常喜爱此器，特作诗一首，并刻于璧的外圈边沿上。

8. 清·珐琅彩天蓝地折枝花卉纹灯笼式瓶

这件珐琅彩天蓝地折枝花纹灯笼式瓶高24.6厘米，此器形状如灯笼，故名灯笼式瓶。直口、短颈、长腹、圈足。内施松石绿釉，外部天蓝色地珐琅彩留"卍"字纹锦地，其上错落有序地呈菱形排列折枝卷莲纹、折枝卷叶牡丹等纹饰，底松石绿釉留白书"乾隆年制"四字篆书款。这件灯笼式瓶以珐琅彩和粉彩相结合，装饰风格甚为华丽。制作这种供帝王赏玩和赏赐宫廷贵人的珐琅彩瓷需耗费巨大的人力物力，成品稀少而百姓根本看不见，所以珐琅彩瓷器传世数量极少。据统计，全世界现存不足470件，故而弥足珍贵。

9. 清·金錾云龙纹嵌珠宝葫芦式执壶

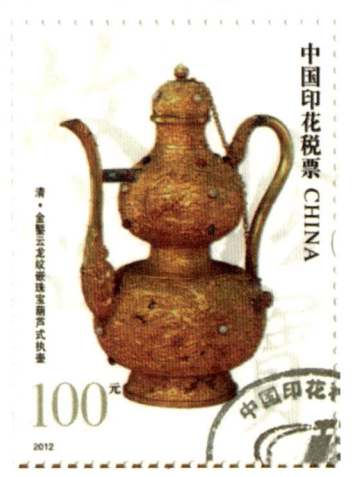

执壶为七成金质，整体呈葫芦形，圆形口、足。壶身通体錾金刻云纹，云海中錾二龙戏珠纹。执壶有盖，盖及壶身镶嵌珍珠及红宝石、绿松石、珊瑚石、青金石等各色宝石。执壶有兽吞式流，流与壶之间有横梁相接。柄为龙形，柄与壶盖有金链相连。

6.11 中国古代税收思想家印花税票

2015年,一套以"中国古代税收思想家"为题材的印花税票问世。"中国古代税收思想家"印花税票一套9枚,以时序为经,思想为纬,选取我国古代历史上推动税赋制度重大改革或提出著名财税思想的9位思想家作为票面人物,他们是:春秋时期的管仲、战国时期的商鞅、西汉的桑弘羊、西晋的傅玄、唐朝的杨炎、北宋的王安石、金末元初的耶律楚材、明朝的张居正和明末清初的黄宗羲。9枚印花税票,以精美古朴的设计,浓缩了中国古代税收思想的发展历程,展现了不同时期税收思想家的风采,包含着丰富的税收思想内涵。

"中国古代税收思想家"是我国第一套全套采用雕刻工艺制版的印花税票,在后期印制上,采用胶雕套印工艺印刷,雕刻环节要求很高,不仅要刀法精细,而且几位雕刻师必须体现出一致的风格。这套税票的总体设计王虎鸣说:"9张税票是个整体,就像演奏交响乐,优美协调,制作出来才赏心悦目。"方寸之间,精彩无限。中国古代税收思想家在这里展现各自的风采,这套税票也成为集实用性、观赏性和艺术性于一体的经典作品。这九枚印花税票分别介绍如下。

1. 1角(中国古代税收思想家·管仲)

管仲(约公元前730年~公元前645年),春秋时期齐国人。中国早期杰出的政治家、理财家和改革家,首创"相地而衰征",即按土地肥瘠程度确定赋税轻重的课征原则,这是我国古代赋税征收制度上的一项重大改革。管仲采取合理的赋税政策,保证农民在艰苦的农村同样可以维持生计,让他们专注农业生产,发展农业经济。同时,"相地而衰征"是根据土地产量征收赋税,将劳役税改行实物税,将农民从劳役制的桎梏中解放出来,调动了劳动者的生产积极性,这是中国税制史上划时代的进步,直接推动了封建税制的萌芽与发展。

2. 2角(中国古代税收思想家·商鞅)

商鞅(约公元前395年~公元前338年),战国时期人,中国早期杰出

的政治家、改革家和法家代表。在秦国推行变法，厉行耕战，实行"重农抑商禁末"的税收政策，即田赋轻税免役，对努力从事农业生产、收获粮食布帛较多者，国家"复其身""免其役"；军赋从人征，增地不增赋；对非农业活动，商鞅主张实行重税，商人倍其赋，"重关市之赋"。

商鞅变法，"为田开仟佰封疆，而赋税平"，强调统一税收制度，均平赋税负担，尤其是把军赋（包括兵役）统一隶属于封建中央财税系统，加强了封建国家的军事力量。商鞅变法为推动地主阶级中央集权制政体创造了条件，也为秦统一六国奠定了雄厚的物质基础。

3. 5角（中国古代税收思想家·桑弘羊）

桑弘羊（公元前152年~公元前80年），西汉时期著名的理财家、改革

家。他为解决西汉武帝时期的财政困难，坚持实行盐铁专卖，新创酒类专卖；又行均输法和平准法，达到"民不加赋，而国用饶"的目的。桑弘羊主持或参与制定了元狩四年的"算缗钱"、元光六年的"算商车"以及"牲畜税"和"马口钱"，这些财产税制取得了巨大成效，使国库日益丰盈充实。他所推广的"假税"，既增加了国家税收，又缓和了阶级矛盾；而"马息税"则散马于民间繁殖饲养，以母马取息，既保证了马匹的供应，又开辟了新的税源。

太初四年初创的进出口货物税，尽管收入微不足道，但这是我国孕育和萌芽中的国境关税。

4. 1元（中国古代税收思想家·傅玄）

傅玄（217~278年），西晋初年的著名政治家、思想家。他主张"国有定制，下供常事；赋役有常，而业不废"。傅玄赋税思想的核心，即"安上济下"，保国安民，财政收支与民众负担相适应。

在这个思想指导下,他提出了治税的三原则:其一,"度时宜而立制""世有事,则役繁而赋重,世无事,则役简而赋轻",保障民众休养生息,发展生产;其二,征税必须"量民力以役赋";其三,"所务公而制有常",即征发赋税和徭役必须服从国家利益,"唯公然后可正天下"。他曾数次上书,提出"量出制入""计民至平""节俭趋公""减吏轻赋"等诸多治税之策,至今仍有借鉴意义。

5. 2元(中国古代税收思想家·杨炎)

杨炎(727~781年),唐中期宰相。杨炎主政时间不长,但他的名字和他所倡导的税制改革却在中国税制史上留下了辉煌的一页。

杨炎创行"两税法",实行"量出制入"的总原则,从而在一定程度上减轻了百姓的负担;他坚持"人无丁中,以贫富为差"的征税原则,确立"唯以资产为宗,不以丁身为本",按资产缴纳户税,按田亩缴纳地税,促使封建农业税制实现由人头税为主转向资产税为主的历史性跨越。杨炎在简化税制、统一税目的改革中,贯彻"便利"和"经济"的征管原则;并以货币税取代实物税,"以钱计税""钱为正赋",这是商品经济发展的必然趋势,也是赋税思想的一种跨越。

6. 5元(中国古代税收思想家·王安石)

王安石(1021~1086年),北宋著名的政治家、改革家。其赋税核心思想是"因天下之力以生天下之财,取天下之财以供天下之费"。他的理财观就是生财、聚财和用财,他强调只有生财,才能聚财,才能用财。王安石变法,推行"青苗法",鼓励农业生产,增加税收收入;实行"均输""市易"之策,意在"摧抑兼并";推广"方田均税之法",清丈田亩,均定田税;确立免役法,即按户等高低、财产多寡纳钱免役;实施"免行钱法"及"恤商"政策,通过发展商品流通以增加工商税

收，达到富国裕民的效果。王安石变法是中国历史上的一次重大事件，列宁也盛赞王安石为"中国十一世纪的改革家。"

7. 10元（中国古代税收思想家·耶律楚材）

耶律楚材（1190~1244年），元代著名的政治家、改革家。他认为，在落后的"征服者"统治与被征服民族的较高文明之间发生冲突时，必须接受先进的封建财税思想。耶律楚材首创了元代的赋税制度，他坚持中央集权制财税体制，着力维护国家赋税制度的集中、统一与完整；他反对依靠劫掠方式维持统治，主张通过正常的赋税制度取得财政收入；他创设了规范的赋税征管机构，对"擅行科差者"严加惩罚；主张"存恤其民"，保护税源；反对民族歧视，坚持均平负担；同时还创设赋调制、五户丝制、畜牧税制等。耶律楚材为创建元代的赋税制度及实行依法治税发挥了重要作用。

8. 50元（中国古代税收思想家·张居正）

张居正（1525~1582年），明朝中后期政治家、改革家，万历时期的内阁首辅，辅佐万历皇帝朱翊钧开创了"万历新政"，史称"张居正改革"。他主张充裕国家财税收入，必须把发展农业生产放在主要地位。他强调"力本节俭"；在理财政策上强调节流而不是开源。他认为治税必先治政，治税与治政相结合。他提出"考成法"作为整顿吏治、充裕赋税的主要措施，使明代政体为之肃然。

张居正拟订清丈田亩作为均平赋役、交粮纳差之策，并推行于全国。他推行"一条鞭法"，役归于赋，丁归于田，总括赋役，以银缴纳，化繁为简，均平负担，统一税制，官收官解。"一条鞭法"改革适应了当时社会政治经济发展的客观要求，在中国赋税史上占有举足轻重的地位。

9. 100元（中国古代税收思想家·黄宗羲）

黄宗羲（1610～1695年）明末清初著名的启蒙思想家。他的核心赋税思想是维护私有财产权利，反对天下"为君"，反对百姓财产是封建统治者的"橐中之物"、没有任何保障的观点。因此，他主张轻税，尤其是对私有土地坚持轻税的思想，基本体现了他的市民观点。他也主张"田赋征实，商税纳钞"，宽减百姓，利民便商。黄宗羲反对重税制，抨击明末"暴税"，提出"暴税"三害论："积累莫返之害""税非所出之害""田土无等第之害"。特别是"积累莫返之害"论，即每次税费改革后，百姓负担先降后升，实际负担更为苛重。前些年，这被理论界称为"黄宗羲定律"。

6.12 明清榷关印花税票

2017年由国家税务总局发行，包括临清关（1角）、崇文门（2角）、淮安关（5角）、浒墅关（1元）、九江关（2元）、北新关（5元）、山海关（10元）、粤海关（50元）和夔关（100元）。

临清关、崇文门关、淮安关、浒墅关和北新关这5个关是运河沿线上的关。临清关是明代最重要的运河钞关。崇文门关是京师的税收总机关，淮安是明清漕运总督、河道总督和两淮盐运分司的驻地，是仓储物流中心及地理文化分界线。浒墅关位于苏州，商品经济发达，有"先有浒墅关，后有苏州城"的谚语。北新关是沿运河南下北上商品的终点和起点。

印花税票图案右侧印有"中国印花税票"字样、图名和各关释文；右上角印有面值，左上角有镂空篆体"税"字。各枚印花税票底边右侧按票面金额从小到大印有顺序号（9—X），左侧印有"2017"字样。

2017年印花税票打孔尺寸为50mm×30mm,齿孔度数为13×13.5。20枚1张,每张尺寸230mm×170mm,左右两侧出孔到边。各面值包装均为100张1包,5包1箱,每箱共计10000枚(20枚×100张×5包)。税票防伪措施:采用哑铃异形齿孔,左右两边居中;图内红版全部采用特制防伪油墨;每张税票喷7位连续墨号;其他技术及纸张防伪措施。

2017年印花税票发行4500万枚,各面值发行量分别为:1角票100万枚、2角票100万枚、5角票100万枚、1元票700万枚、2元票500万枚、5元票1500万枚、10元票800万枚、50元票200万枚、100元票500万枚。

6.13 红色税收记忆印花税票

2018年12月27日,国家税务总局以"红色税收记忆"为题材,发行了一套9枚印花税票。"红色税收记忆"印花税票选定中国革命根据地税收为主题,沿着土地革命、抗日战争、解放战争的时间脉络,选取各阶段有代表性的税务机关以及税收工作的突出特点进行创作。国家税务总局及其主管部门在2018年"红色税收记忆"印花税票形成过程中,精益求精,多次征求包括国家税务总局江西省税务局等革命老区税务部门和财经院校等有关专家及税票收藏研究专家的意见建议，不断改进和完善具体内容和设计方案，最后确定各面值及图名分别为：1角（红色税收记忆·中央税务局）、2角（红色税收记忆·建章立制）、5角（红色税收记忆·征收管理）、1元（红色税收记忆·陕甘宁边区税务总局）、2元（红色税收记忆·民主评税）、5元（红色税收记忆·取予结合）、10元（红色税收记忆·华北税务总局）、50元（红色税收记忆·队伍建设）、100元（红色税收记忆·支战促建），由北京邮票厂印制，不仅题材充满正能量，而且图案印制精美，赏心悦目。同时，还印制了观赏性和收藏性都很强的印花税票小型张、小全张、小版张等，用于制作印花税票征收样本册。

印花税票图案右侧印有"中国印花税票"字样和图名；右上方印有面值，左上方有镂空篆体"税"字。各枚印花税票底边右侧按票面金额从小到大印有顺序号（9—X），左侧印有"2018"字样。

"红色税收记忆"1角印花税票前景是中国税收票证博物馆馆藏文物——中央革命根据地1932年江西省胜利县征收土地税收据。

这种碑形收据是中央苏区印制发行的最早的一种税票，使用地点是胜利县，为当时中央苏区于1932年所设，包括现兴国县东北部和于都县北部，县治先在今于都县贡江镇上宝排村，后迁至于都县银坑，1934年10月中央红军长征后撤销。1角印花税票的远景是苏维埃共和国中央税务局旧址，现坐落于江西省瑞金市沙洲坝。

1931年11月17日，中国历史上第一个中央红色政权——中华苏维埃共和国临时政府在瑞金成立。

同年同月，中华苏维埃共和国财政人民委员部税务局，也即中央税务局在江西瑞金县叶坪村谢家祠成立，1933年随财政部迁至瑞金沙洲坝。由于当时残酷的战争环境，战争经费主要靠打土豪筹款及没收地方浮财、战争缴获来筹集。税务局统一了税则，代之以统一累进税制。当时主要征收农业税、山林税、工商统一税等，发行公债也是重要手段，保障了红军各项供给及苏维埃政府各项费用。

红色税收记忆2角税票的前景是《中华苏维埃共和国暂行税则》，远景则是苏维埃共和国临时中央政府。

1931年11月28日，也就是苏维埃共和国临时中央政府成立的第二天，中央执行委员会通过了施行《中华苏维埃共和国暂行税则》的决议，取消了国民党的各种苛捐杂税,并暂时免收工业品出厂税,只征收商业税和农业税。《暂行税则》第一次统一了中央苏区所辖范围的税收种类和政策。

红色记忆税票1元的近景为陕甘宁边区政府出台的《试行税务征收条例》,远景为陕甘宁边区政府及税务总局。

1935年10月,中国共产党中央红军长征到达陕北后,成为共产党的根据地中心、中共中央所在地。中央在陕甘宁边区将陕甘宁革命根据地改建为陕甘宁边区政府。

边区的税收最早没有条例可循,1937年在毛泽民、李六如等人的主持下,边区第一个税收条例——《试行税务征收条例》诞生了。随后在抗日战争和解放战争时期,边区又出台了大量法律条文,逐渐在边区建立起完整的税收法治体系。

1940年陕西省财政厅决定成立陕甘宁边区税务总局,在各分区、各县成立税务分局,并建立了精干的税收队伍。

红色记忆税票2元的背景为延安新市场。

延安新市场是毛主席在延安时期的新市场,坐落于延安市场沟,设有邮局、粮店、边区银行、民众剧社等服务行业,繁荣一时,被称作延安时期的"王府井"。1939年,党中央把延安的商业区迁到城南隐蔽的山沟。为了恢复经济,刺激市场,边区政府及时调整政策,用非常低的营业税与货物税率刺激经济发展,使得私营经济如雨后春笋般成长,成为20世纪三四十年代延安一种独特的经济现象。

红色税票10元的背景为华北税务总局。

抗日战争时期,八路军开赴太行山,进驻涉县,于1940年成立晋冀鲁豫边区政府。作为政权建设的重要部分,晋冀鲁豫边区政府税务总局成立,并在1941年与晋察冀边区税务总局合并成立华北税务总局。

1949年11月28日,以华北税务总局为基础,成立中央人民政府财政部税务总局。

抗战时期,晋冀鲁豫边区税务总局完善税制建设,建立登记制度、预算制度、会计制度、金库制度、监委制度以及实行民主评议、开展税法宣传活动等很多成功经验,为新中国成立后及现代经济建设所借鉴,奠定了新中国税收制度、组织制度、征管制度的基础。

红色记忆税票50元税票主题为"队伍建设"。

苏维埃共和国成立之初,建立了统一的税务领导机关,税务人员主要来源于军队和地方干部,同时吸收工人、店员和知识分子。苏区机关极度重视税务机关建设,这为新中国税务制度的完善和实施提供了一批专业人才。

红色记忆税票100元税票"支战促建"远景为根据地人民积极运粮支援前线,近景为1948年哈尔滨有轨电车线路通车。

税收为保障战争胜利起到了重要作用,为各个革命根据地巩固、发展和战争胜利做出了较大贡献,并有助建立了门类齐全的工业体系,为新中国工业发展打下了坚实基础。

第7章 改革开放后地方发行的印花税票

7.1 北京胡同印花税票

北京胡同印花税票由国家邮政局邮票印制局设计、印制，全套共9枚，面值（图名）分别是：100元（砖塔胡同）、50元（南锣鼓巷）、10元（大栅栏街）、5元（国子监街）、2元（烟袋斜街）、1元（帽儿胡同）、5角（丰富胡同）、2角（白塔寺东夹道）和1角（钱市胡同）。该套印花税票采用胶印雕刻印制，图案印有"北京印花税票BEIJING CHINA"，并按票面金额大小顺序印有"9—X"序号，规格为40毫米×30毫米，齿孔度数为12.5度。为纪念北京胡同印花税票的印制发行，特印制纪念小型张1枚（选用1元票）、小版张1枚（选用2元票）、小全张1枚。

（1）砖塔胡同位于西四牌楼附近，砖塔胡同这一名称，来自矗立在胡同中的一座青砖古塔，这座塔是元代名臣耶律楚材的老师、金元之际的高

僧万松老人的葬骨塔。万松老人塔的精确塔龄已不可考，但根据史料推断，可以肯定在六百年以上，而砖塔胡同的年龄亦应与此相仿。

（2）南锣鼓巷是北京最古老的街区之一，是我国唯一完整保存着元代胡同院落肌理、规模最大、品级最高、资源最丰富的棋盘式传统民居区，也是最赋有老北京风情的街巷。周边胡同里各种形制的府邸、宅院多姿多彩，厚重深邃。它与元大都同期建成，至今已有740多年的历史。因其地势中间高、南北低，如一驼背人，故名罗锅巷。到了清朝，改称南锣鼓巷。

（3）大栅栏位于天安门广场以南，前门大街西侧，从东口至西口全长275米。目前在大栅栏分布着11个行业的36家商店，平均客流量15万~16万人，节假日20多万人。但由于北京整体商业环境的提升，零售业的重心早已不在前门地区，大栅栏的商业地位也日趋衰落。

（4）国子监位于东城区西北部，东起雍和宫大街，西至安定门内大街。其是首届"中国历史文化名街"之一。国子监街，元时已然形成。明时称"国子监孔庙"，清时称成贤街，民国以后称国子监。国子监街立有四座牌楼，街口的东西两座，额枋曰"成贤街"，"文革"之中一度改名红日北路九条，后恢复原称。国子监街多平房民居，保存着旧京街巷风貌。1984年其被定为北京市级文物保护街，周围的胡同不少与国子监相关，如国学胡同、箭厂胡同等。

（5）烟袋斜街东起地安门外大街，为东北西南走向，全长232米。据说，当时居住在北城的旗人大多嗜好抽旱烟或水烟，烟叶装在烟袋中。由于烟袋的需求与日俱增，因而斜街上一户一户开起了烟袋铺。除此之外，烟袋斜街本身就宛如一只烟袋。细长的街道好似烟袋杆儿，东头入口像烟袋嘴儿，西头入口折向南边，通往银锭桥，看上去活像烟袋锅儿。正是基于这两个方面的原因，故以"烟袋"命名斜街。

（6）帽儿胡同，是北京幸存的25片胡同保护区中的一条非常著名的胡同，是当今北京城十大胡同之一。有着百年历史的帽儿胡同虽然经历了岁月蚕食，但依然保存着原来的风貌。帽儿胡同，呈东西走向，全长585米，宽7米。帽儿胡同两端与繁华热闹的大街相接，内里不时有各色轿车穿梭，浓密的林阴道下，时尚的跑车与古老的三轮车交错行驶在红门灰墙间，隐隐中透着帽儿胡同的非凡地位。

（7）丰富胡同距离王府井不远，在灯市口西街上，是一条南北走向的小巷。北临北厂胡同，附近还有举世闻名的王府井大饭店。老舍故居即在闹中取静的丰富胡同19号。院子是老舍在1949年由美国归来后居住的地方，老舍在此住了16年。

（8）白塔寺东夹道，原称白塔寺东廊下，1965年改为白塔寺东夹道。夹道、廊下都是小胡同的另一别称。该胡同因为地处白塔寺之东，故被称为白塔寺东夹道（东廊下）。白塔寺在清代是京城三十二个喇嘛寺院之一，塔内曾藏有释迦佛舍利戒珠20粒、香泥小塔2000个及大量佛经。塔的设计和兴建由尼泊尔工匠阿尼哥主持，是中尼两国友谊历史悠久的象征。

（9）钱市胡同位于北京市珠宝市街西侧，临近著名的商业区大栅栏。历史上和现在一直是北京最窄的胡同。胡同全长55米，平均宽仅0.7米，最窄处仅0.4米，两人对面走过都要侧身而行，或者需要得有一人先退入胡同中的门楼，街内南北共有九组建筑。尽端是一庭院，上有罩棚，旁有铺房，是清代官办的银、钱交易的"钱市"遗存，是早期金融市场的雏形。钱市胡同是北京最窄的胡同之一。

7.2 北京城门图印花税票

北京城门图印花税票由国家邮政局邮票印制局设计、印制,全套共九枚,图名分别是正阳门箭楼城楼、永定门、崇文门城楼、西直门城楼、德胜门箭楼、安定门、广渠门城楼、广安门、内城东南角楼,分为100元、50元、10元、5元、2元、1元、5角、2角、1角9种面值,采用胶印雕刻印刷,图案上印有"北京印花税票 BEIJING CHINA"字样,按照票面金额大小顺序印有"2006 9—X"序号,规格为40毫米×30毫米,齿孔度数为13.33度。为纪念北京城门印花税票的印制发行,特印制纪念小型张1枚(选用1元票)、小版张1枚(选用2元票)、小全张1枚。

1. 正阳门箭楼城楼

正阳门,俗称前门、前门楼子、大前门,原名丽正门,是明清两朝北京内城的正南门。正阳门位于北京城南北中轴线上的天安门广场最南端,它集正阳门城楼、箭楼与瓮城为一体,是一座完整的古代防御性建筑体系。其是现仅存城楼和箭楼,是北京城内唯一保存较完整的城门。

正阳门为内城南城墙正中门,亦称"国门"。正阳门是九门中最为重要、建制规格最高的门,正阳门箭楼是北京最高大的箭楼。旧时正阳门终岁不启,只遇天子出行时使用。车马行人皆从侧门出入,而左右二门,"向夕即闭"。正阳门城楼、箭楼一直都是老北京的象征。

2. 永定门

明嘉靖四十三年(1564年)北京外城建成,正门命名为"永定门",寓意"永远安定"。当时只修建了永定门一个城门楼,瓮城是在嘉靖四十三年(1564年)补建的,箭楼是在清乾隆十五年(1750年)增建的,并又重修了瓮城。加高城台。经过这次大修,永定门的规模已经远远大于其他几个外城城门。至此,永定门城楼历时197年,跨越了明、清两代,才算完全建成。

中华人民共和国成立初期,北京搞市政建筑,筑路、修桥、通水利,从1950年开始永定门瓮城城墙就被陆续拆除,1957年以妨碍交通和已是危楼为名,永定门城楼和箭楼遭到拆毁。

现在的永定门城楼是2004年重建的,它的重建得益于申奥成功,重建后的永定门城楼门洞上方所嵌石匾,楷书"永定门"三字,苍劲雄健,是仿照明代原配石匾雕刻。

永定门外有处城南镇物,名叫"燕墩",北京话里把燕墩称为"挡",时有"永定门外七十二营一挡"之说,这个"一挡"便是燕墩,是进入永定门必经的一道关卡。

史料记载，燕墩由元代始建，原本只有土台，明嘉靖三十二年（1553年）以砖包砌，清乾隆十八年（1753年）立石碑，其上有乾隆亲笔的满汉文对照的《御制皇都篇》碑文，如今已不见碑文迹象。

3. 崇文门

崇文门，元称文明门，俗称"哈德门"。崇文门经历元、明、清三朝古都，位于今崇文门内大街南口处，东距正阳门约3000米。明清两代南方货物经大运河到通州后，从崇文门进城，内外为商品集散地带，明京师税务衙门设于崇文门，故又有"天下第一税关"之称。

今天，崇文门城墙已经拆除，护城河水改为暗沟流通。沿着城墙墙址，地面上铺成宽阔清洁的柏油马路，马路两旁高楼耸立，绣帘翠幕中住着万户人家。地下筑有环城铁路，四通八达，每天吞吐量几十万人次。这里与700年前的元大都时相比，已是天壤之别。

4. 西直门城楼

西直门是北京内城的九大古城门之一，自元朝开始就是京畿的重要通行关口。西直门可以算得上是一个古今闻名的地方。元代为大都城和义门所在地，明清时为京师内城九门之一，是除正阳门外规模最大的一个城门。

城门上曾安装有防火设备，瓮城门洞内还有汉白玉水纹石刻一块，名曰"西直水纹"。另外，西直门还是明清两代自玉泉山向皇宫送水的水车必经之门，因此有"水门"之称。

当时清朝皇帝不喝市内井水，专喝玉泉山的泉水。西直门是元朝至元四年（1267年）元世祖忽必烈在金中都旧城东北营建新城时开始建造的，在元朝时西直门被称和义门，是东直门的姐妹门，按照《周礼·考工记》中关于帝王之都的理想布局设计建造，至元二十二年（1285年）完成。明朝永乐十七年（1419年）由和义门改名西直门。

现在，西直门位于现在西二环与北二环交界处。1999年，投资2亿元的崭新的西直门立交桥拔地而起。

5. 德胜门箭楼

德胜门位于内城北垣西侧，是北京城通往西北部昌平、南口及长城口外各地的要冲。军队出征，为取"得胜"的吉兆，常由德胜门出发，故德胜门又有"军门"之称。德胜门箭楼面值2元，采取胶印雕刻印刷，图案上印有"北京印花税票BEIJING  CHINA"字样，在税票的左下角印有2006 9—2序号，规格为40毫米×30毫米，齿孔度数为13.33度。

6. 安定门

安定门原址在今安定门立交桥正中。洪武四年（1371年），将原元大都北城墙南移2.5千米，东侧辟安定门。安定门地位十分重要。明代外患主要来自北方，故北垣城墙、城门较之其他三面坚厚得多。明清军事，出兵德胜门，回军安定门，取安定之意。安定门内外的文化气息浓厚，门内有孔庙、国子监、雍和宫，门外有地坛。

历史作用：安定门走的是粪车，因为以前地坛附近是北京主要的粪场。之所以说成兵车回城，其实是一种名称的雅化，就跟臭皮胡同改成受壁胡同，臭皮厂改成寿比胡同，牛蹄胡同改成留题胡同，粪厂大院改成奋章大院是一个意思。

现在，安定门位于北京中轴线末端，与德胜门共同平稳分担了中轴线的末尾重心，现已被拆除。中华人民共和国成立后，安定门城楼被拆除，后建成了安定门立交桥，目前是北京二环路上的一个交通节点。安定门立交桥建在二环上，安定门内大街和安定门外大街与二环相交，北京地铁二号线在安定门设有车站。

7. 广渠门城楼

广渠门建于明朝的嘉靖三十二年（1555年），与西侧广安门相对称，即今广渠门内大街东口、广渠门立交桥西侧，曾称大通桥门，又称沙窝门。广渠门虽是城门中很低矮的一个，但是很有名。明崇祯二年（1629年）十二月，皇太极率领八旗军攻打北京城，督师袁崇焕率领9000骑兵与清军大战于广渠门外，击退八旗军，取得了保卫京师的"广渠门大捷"。

1900年，八国联军便从守备较弱的广渠门、东直门进攻北京城。当时惨败的原因是兵力不足，很多被编制的骑兵岁数较大，只吃皇粮不当差，一边打枪一边还吸毒。270年间前后发生在广渠门的两次战役，见证了清政府从兴到衰的全过程。

如今广渠门旧城楼早已不存在，1930年，日军占领时期将箭楼拆除，1953年为扩建马路，拆除了城楼和瓮城。取而代之的是贯穿北京城东西的两广路和周围高耸的商业写字楼。

8. 广安门

广安门为外城唯一向西开的门，与广渠门相对。城楼形制一如内城，重檐歇山三滴水楼阁式建筑，灰筒瓦绿琉璃瓦剪边顶，面阔三间通宽13.8米；进深一间，通进深6米，高17.6米；楼连城台通高26米。瓮城呈方形，两外角为圆弧形，东西长34米，南北宽39米，瓮城墙基宽7米、顶宽6米。

由于广安门是各省陆路进京的必经之路，因此广安门内的彰仪门大街（即今天的广安门内大街）在清朝时期是比较繁华的，有"一进彰仪门，银子碰倒人"的说法。雍正年间，因为皇帝打算在河北修建皇陵，雍正帝下令从广安门到宛平城修筑石板路。广安门到小井村的路段长1500丈，共花费白银八万两，平均每尺长的道路用去白银五两三钱三分，因此有"一尺道路五两三"的说法。这条道路的修通对广安门地区的发展起到很好的促进作用。

现状：京张铁路起点车站——广安门车站在北京与各地之间的铁路、公路修通之后，广安门的重要地位逐渐下降，至1949年中华人民共和国成立后，从城门到菜市口大街并没有二层楼房，这条大街也并非是商铺相连的大街。1956年，广安门被以"年久失修、阻碍交通"的理由拆除。

9. 内城东南角楼

东南角楼位于建国门南大街和崇文门东大街相交处的内侧，北京站东南方位，立于残留的一段明城墙末端，是古代军事防御建筑。内城角楼规模宏伟，现仅存东南角箭楼。现存东南角楼始建于明正统二年（1437年），此后历代均有修缮，它是中国唯一的、规模最大的城垣转角楼，是全国重点文物保护单位。

这座角楼建筑奇特，外观宏伟，内部结构复杂，由东南两座箭楼互相交叉，结合而成，坐落在突出城墙外缘的方形城台上，台高12米，楼高17.6米，通高近30米。楼沿城台外缘建起，平面呈曲尺形，四面砖垣，重檐歇山顶，两条大脊于转角处相交成"十字"形，灰筒瓦绿琉璃剪边，绿琉璃列脊饰兽头，四面开箭窗孔144个。

内城东南角楼印花税票面值一角，图案上印有"北京印花税票BEIJING CHINA"字样，左下角印有2006 9—9序号，右下角印有图案名称"北京城门—内城东南角楼"，其规格为40毫米×30毫米，齿孔度数13×13度；防伪措施：采用专业防伪邮票纸印刷，周边采用"十字"异形齿孔。

1900年八国联军进攻北京，角楼陷落，侵略者登城后在墙上刻下他们的名字，这些罪证保存至今。这里还保存着当年敌人使用的炮弹和被打得弹痕累累的挑檐檩。"崇文史迹展"是这里的固定展陈，展示中华民族文明史在崇文地域的轨迹及在民族发展中的历史贡献。

7.3 北京园林图印花税票

北京园林图印花税票由国家邮政局邮票印制局设计、印制，全套共九枚，图名分别是故宫御花园、北海、景山、颐和园、圆明园、玉泉山静明园、香山静宜园、钓鱼台行宫、恭王府爬山廊，分为100元、50元、10元、5元、2元、1元、5角、2角、1角九种面值，采用胶印雕刻印刷，图案上印有"北京印花税票 BEIJING CHINA"字样，按照票面金额大小顺序印有"2007 9—X"序号，规格为40毫米×30毫米，齿孔度数为13×12.5度。为纪念北京园林印花税票的印制发行，特印制纪念小型张1枚（选用1元票）、小版张1枚（选用2元票）、小全张1枚。

1. 故宫御花园

故宫御花园位于北京故宫中轴线的最北端，在坤宁宫的后方，东西长130米，南北宽90米，占地约1.2万平方米，为故宫总面积的1.7%左右。其建于明代，名为"宫后苑"，后于清雍正朝时更名为"御花园"，是中华园林建筑的精华。

御花园是供帝王家眷休憩游览的场所，一些重要的节庆活动在这举行，比如说堆秀山是宫中重阳节登高的地方。

园内建筑采取了中轴对称的布局。主体建筑钦安殿为重檐盝顶式，坐落于紫禁城的南北中轴线上，以其为中心，向前方及两侧铺展亭台楼阁。园内青翠的松、柏、竹间点缀着山石，形成四季常青的园林景观，体现天人合一的中华传统文化。

2. 北海

北海位于北京城中心，总面积68.2公顷，其中陆地面积29.3公顷，水面面积38.9公顷，是中国现存历史最悠久、保留最完整的古典皇家园林之一。它历经辽、金、元、明、清五个朝代，逐步完善，形成了丰富多彩而又和谐统一的格局，9世纪时，这里是一片湖泊，辽代被辟为帝王游乐场所，称之为"瑶屿"。金大定三年（1163年），挖湖扩岛，在岛上堆叠假山和幽洞石室。元代以岛屿为中心营建大都皇城，将琼华岛辟为万寿山御园。清顺治八年，在广寒殿旧址上建了白塔。经过历代修建，北海既有皇家园林的宏丽，又有宗教寺庙的肃穆，同时还吸取了南方园林的秀巧。在我国古典园林中有重要位置。

3. 景山

景山位于故宫后门，南接神武门，北对钟鼓楼，占地约23公顷。景山有五峰，东西排列，峰顶各建一亭，一字排开，气势磅礴。中峰上的名为万春亭，三重檐黄琉璃瓦四角攒尖顶。五亭建于清乾隆十六年（1751年），每座亭中都曾供有一位铜佛，总称五位神，又称五味神，即代表酸、苦、甘、辛、咸五味的神灵。其位于万春亭之上，可得一览紫禁城全貌。

景山的历史与北京城的变迁密不可分，相传在东汉中后期，景山的位置曾经是古永定河东岸旁南北道路的一小段；在隋代，隋炀帝为远征高丽，在这里修建了兼有大本营性质的临朔宫；到金代，在临朔宫的遗址上又修建了大宁宫，此地已成为小丘；到元代，此处成为元大都的城中心，被辟为皇宫后苑；到明代，在大规模修建北京城时，依据"苍龙、白虎、朱雀、玄武，天之四灵，以正四方"之说，故将宫城筒子河和太液的泥土堆积于此，形成五座山峰，称"万岁山"。

4. 颐和园

颐和园位于北京西北郊香山脚下，占地约290公顷，是中国现存最完整、规模最大的皇家园林。颐和园始建于金代，金章宗在此建行宫。乾隆十五年（1750年），皇帝为其母亲祝寿，修建清漪园，改瓮山为万寿山瓮山湖为昆明湖。园内分宫廷区、万寿山和昆明湖三大部分。三大区既有湖光山色，又有庭园美景；各式宫殿，寺庙和园林建筑3000余间，不同风格的建筑群落自成一格又相互联系。它巧妙地借西部玉泉山作为它的大背景，把人工建设与自然风光和谐地融汇在一起，从而成为中国园林艺术的典范。1998年，颐和园被联合国教科文组织正式列入世界遗产名录。

十七孔桥是古代桥梁建筑的杰作。它位于北京市西郊颐和园内，是连接昆明湖东岸与南湖岛的一座长桥，清乾隆时建，是园内最大的石桥。桥由17个桥洞组成，长150米，飞跨于东堤和南湖岛，状若长虹卧波。其造型兼有北京卢沟桥、苏州宝带桥的特点。桥上石雕极其精美，每个桥栏的望柱上都雕有神态各异的狮子，大小共544个。两桥头还有石雕异兽，十分生动。桥额北面书"灵兽偃月"，南面书"修炼凌波"，蕴涵着深厚的文化底蕴，具有极高的美学价值、学术价值和使用价值。

5. 圆明园

圆明园坐落在北京西北郊，毗邻颐和园，最初是康熙皇帝赐给皇四子胤禛（即后来的雍正皇帝）的花园。康熙四十六年（1707年）时已初具规模。同年十一月，康熙皇帝曾亲临圆明园游赏。雍正皇帝即位后，拓展原赐园，并在园南增建了正大光明殿和勤政殿以及内阁、六部、军机处诸值房，御意"避喧听政"。乾隆皇帝在位60年，对圆明园岁岁营构、日日修葺、浚水移石、费银千万。圆明园继承了中国优秀造园传统，既有宫廷建筑的雍容华贵，又有江南水乡园林的婀娜多姿。同时，又吸取了欧洲的园林建筑形式，把不同风格的园林建筑融为一体，在整体布局上使人感到和谐完美。1860年第二次鸦片战争时，圆明园被英法联军烧毁。

改革开放前，圆明园的遗址部分已被开垦为农田，古树砍伐殆尽，湖水干涸，房基被挖，民房日渐增多，致使圆明园地形大为改观。1983年，宋庆龄及社会各界人士发起倡议，建议加强保护、整修，保护为遗址。2000年9月，北京市政府、国家文物局批准通过《圆明园遗址公园规划》。经过20多年的努力，至2004年9月，圆明园整治一期工程胜利竣工，政府累计投资4亿元人民币，搬迁了园内615户居民和13家驻园单位，整治面积达60万平方米。

二期整治工程，主要整理圆明园部分山形水系，整治面积将达百万平方米。圆明园遗址保护和发展工作将本着"积极抢救，妥善保护，科学整修，有效利用"方针，保持其遗址特色、古典园林特色和历史文化特色，充分发挥其爱国主义教育阵地的作用。

6. 玉泉山静明园

玉泉山静明园位于玉泉山，玉泉山在清明两代均为宫廷用水水源之地。山下有静明园，为辽代玉泉山行宫和金代芙蓉殿行宫遗址，相传金章宗曾在此避暑。元世祖在此建昭化寺，明英宗时又添建上下华严寺，清顺治二年（1645年）重修。

7. 香山静宜园

静宜园位于香山，是一座以山地为基址而建成的行宫御苑。金世宗完颜雍于大定二十六年（1186年）年建香山寺。清康熙时开始修缮佛殿并建行宫以"避喧听政"。

乾隆时进一步进行大规模营建，乾隆

十年（1745年）动用了巨大的人力物力，于林隙崖间增建殿台亭阁，修建宫门、朝房，加修了一道周长十余里的外垣，形成规模宏丽的皇家行宫，并赐名静宜园。

8. 钓鱼台

钓鱼台位于京西花园村偏南，建于800多年前的金代。初名为鱼藻池，是当时的大文豪王郁在此筑台垂钓的地方，后来成为皇家禁地。传说金章宗曾在此钓鱼，后人称金章宗钓鱼古台。清代乾隆皇帝喜爱钓鱼台的景物，定其为行宫，营建了养源斋、清露堂、潇碧轩、澄漪亭、望海楼，并亲笔题诗立匾。

1958年，为隆重庆祝中华人民共和国成立10周年，并接待应邀来华参加国庆的外国元首和政府首脑，国家决定选古钓鱼台风景区为址，并责成外交部具体组织、筹划、营建国宾馆，并以其地为名，定名为钓鱼台国宾馆。

古钓鱼台是北京西郊著名的园林之一，因金章宗皇帝（1168~1208年）在此筑台垂钓而得名，园区南北长约1千米，东西宽约0.5千米，总面积42万平方米，总建筑面积16.5万平方米，湖水面积5万平方米，迄今已有八百多年的历史。至清代，乾隆皇帝（1736~1795年）敕命疏浚玉渊潭并在此兴建行宫，收为皇家园林。现代的国宾馆园区是由中华人民共和国政府于1958~1959年在古钓鱼台风景区基础上扩大修建，用作来访国宾的下榻及会晤、会议场所。钓鱼台国宾馆于1959年国庆前夕建成，至今已接待1300余位外国元首和政府首脑下榻，并成为党和国家领导人从事国务和外事活动的重要场所。

9. 恭王府爬山廊

恭王府爬山廊坐落于什刹海西岸的恭王府内，恭王府是清道光帝第六子恭亲王奕䜣的府第，是京城现存王府中规模最大、保护最好的一座。恭王府及其花园早为乾隆年间大学士和珅宅第。嘉庆四年（1799年），和珅获罪，宅第被没收，赐予庆郡王永璘，咸丰元年改赐给恭亲王奕䜣，从此称为恭亲王府及恭王府花园。恭王府大戏楼建于同治年间，是恭亲王及其友看戏的场所。其建筑面积685平方米，高大宏伟，气势不凡，这座戏楼是我国现存独一无二的全封闭式大戏楼。恭王府邸及花园设计富丽堂皇，斋室轩院曲折变幻，风景幽深秀丽。加以昔日有碧水萦回并流经园内，因此有大观园之美称。

恭王府历经了清王朝由鼎盛而至衰亡的历史进程，承载了极其丰富的历史文化信息，故有了"一座恭王府，半部清代史"的说法。在周恩来、谷牧和李岚清三代国务院领导人的关心下，恭王府腾退修缮工作历经28年完成，使之成为中国唯一一座对公众开放的清代王府。

清室覆亡后，府邸的产权曾归属辅仁大学，20世纪80年代初的恭王府已成为被8家单位割据、数百住户聚居的大杂院，有200余住户。要修复恭王府，首要任务是搬迁。1988年，恭王府花园对外开放，2008年恭王府完成府邸修缮工程后，全面对外开放。

恭王府位于北京的风水宝地什刹海地区，占地6万多平方米，有"99间半"之称的后罩楼拦腰将之隔为府邸和花园，府邸堂皇庄重，花园优美繁华。在王府、贝勒府扎堆的前后海，恭王府以其富丽而被称作"城中第一佳山水"，更因其堪比故宫的府邸建制而声名显赫。

7.4　北京坛庙图印花税票

北京坛庙图印花税票由中国邮政集团公司邮票印制局印制设计、印制，全套共九枚，图名分别是天坛祈年殿、天坛圜丘坛、地坛方泽坛、社稷坛拜殿和五色土、先农坛观耕台、孔庙先师门、孔庙大成殿、国子监辟雍、历代帝王庙景德崇圣殿，分为100元、50元、10元、5元、2元、1元、5角、2角、1角9种面值，采用胶印雕刻印刷，图案上印有"北京印花税票 BEIJING CHINA"字样，按照票面金额大小顺序印有"2008 9—X"序号，规格为40毫米×30毫米，齿孔度数为13×12.5度。为纪念北京坛庙印花税票的印制发行，特印制纪念小型张1枚（选用1元票）、小版张1枚（选用2元票）、小全张1枚。而为纪念全部四套北京印花税票的印制发行，还印制了一枚特小全张（选用四套印花税票中的100元票各1枚）。

第 7 章 改革开放后地方发行的印花税票

1. 天坛祈年殿

天坛祈年殿在天坛的北部。天坛位于北京天安门的东南,是明清皇帝祭祀天地之神的地方。中国古代帝王自称"天子",人们对天地非常崇敬,故祭祀天地的建筑在帝王的都城建设中具有举足轻重的地位。天坛的主体建筑是祈年殿,也称为祈谷坛,原名大祈殿、大享殿,

是皇帝举行祈谷大典的神殿。祈年殿呈圆形,直径32米,高38米,是三重檐亭式圆殿,宝顶鎏金,碧蓝琉璃瓦盖顶,以此来象征天。

2. 天坛圜丘坛

天坛圜丘坛在天坛的南部,是皇帝举行祭天大礼的地方,始建于嘉靖九年(1530年)。坛坐北朝南,四周绕以红色宫墙,上饰绿色琉璃瓦,俗称"子墙"。坛平面呈圆形,共分三层,皆设汉白玉栏板。坛面原来使用蓝琉璃砖,乾隆十四年(1749年)重建后,改用坚硬耐

久的艾叶青石铺设。顶层中心的圆形石板称为太阳石或者天心石,站在其上呼喊或敲击,声波会被近旁的栏板反射,形成显著的回音。古代中国将单数称作阳数,数字9是"阳数之极",表示天体的至高至大,称为"天

数"。圈丘坛的栏板望柱和台阶数等，处处是9或者9的倍数。

3. 地坛方泽坛

地坛方泽坛坐落于北京城安定门外，是明清皇帝"夏至"日祭祀皇地祇神的专用场所。方泽坛亦称祭坛、拜台，因祭坛四周有一方形泽渠而得名方泽坛。坛面正方形，坛高两层，每层8级台阶。按照古代天阳地阴的说法，上层坛面的石块均为阴数即双数。

4. 北京社稷坛拜殿和五色土

北京社稷坛位于天安门西侧中山公园内，与太庙相对，是明清皇帝祭祀社神和稷神的庙坛建筑。拜殿也称祭殿或享殿，位于社稷坛北部。社稷坛是一座三层的方坛。拾级而上，登至坛顶，脚下积土为坛面，坛面中心为一圆，周围分四区，共五区，以不同颜色的泥土为

区别，这就是社稷坛上有名的"五色土"。根据阴阳五行说，金、木、水、火、土是构成世界的五种最基本的物质，代表五方五色，象征"普天之下皆为王土"。

5. 先农坛观耕台

先农坛观耕台位于北京外城永定门内大街西侧。先农坛又名山川坛，与天坛东西对峙，是明清皇帝祭祀先农、山川、神祇、太岁诸神的地方。观耕台位于具服殿南，是皇帝在行躬耕礼后观看众臣从耕之所。台高1.9米，平面方16米，东、西、南三面设九级台阶，台阶饰以莲花浮雕，象征吉祥如意。

6. 孔庙先师门

孔庙先师门是孔庙的大门。北京孔庙位于北京市安定门内国子监街，是我国规模仅次于曲阜孔庙的第二大孔庙，也是元、明、清三代祭祀孔子的地方。先师门为歇山式屋顶，配有鸱吻等装饰，檐下斗拱大而稀疏，造型精美、古朴、简洁，是北京目前尚存风格少见的元代木建筑。

7. 孔庙大成殿

孔庙大成殿是孔庙的正殿，举行祭孔典礼的地方。面阔九间，进深五间，黄琉璃筒瓦重檐庑殿顶。殿内正中设木盒，内置"大成至圣文宣王"木牌位和明嘉靖年间孔子泥塑像、画像等。两旁设配享的牌位，即复圣颜子、述圣子思子、宗圣曾子、亚圣孟子，还有闵损、宰予、朱熹等"十二哲"的牌位。

8. 国子监辟雍

国子监辟雍大殿是国子监的中心建筑。国子监位于北京安定门内成贤街，按照"左庙右学"的传统规制，与孔庙相毗邻，是元、明、清三代设立的为官府培养后备人才的最高学府，始建于元代大德十年（1306年）。北京国子监占地约3万平方米，建筑布局总体上是"三院六堂中辟雍，东西两厢敬一亭"。

9. 历代帝王庙景德崇圣殿

历代帝王庙景德崇圣殿是历代帝王庙的主体建筑。北京历代帝王庙位于西城区阜成门内大街，与白塔寺、广济寺

毗邻。其占地18000平方米，其中建筑面积为6000平方米，是明、清两代祭祀历代帝王的皇家庙宇，与太庙、孔庙合称为明清北京三大皇家庙宇，也是我国现存唯一的祭祀中华三皇五帝、历代帝王和文臣武将的明清皇家庙宇。殿内悬有乾隆帝的御联和匾，匾上有"报功观德"四个字。

为纪念北京坛庙印花税票的印制发行，北京市地方税务局特印制纪念小型张1枚（选用1元票）、小版张1枚（选用2元票）、小全张1枚。同时，发行《北京印花税票之四北京坛庙》纪念册，册内含小型张、小版张、小全张及全套印花税票，面值合计346.60元，册页有国外印花税概览、北京坛庙相关知识及与税票设计图相关的背景文字介绍（中英文对照）。

小型张

小版张

小全张

为迎接北京奥运会的召开，北京市地税局按照总体构想，将4套税票汇集成《北京印花税票全册》，于2008年7月赠给北京奥组委作为其赠送给各国来宾的礼品，希望通过印花税票的方寸之地，使奥运贵宾了解北京的京味文化和多样历史风貌。为此，北京市地方税务局还印制"北京印花税票纪念"票1枚（无面值），特小全张1枚（选用4套印花税票中的100元票各1枚，即：100元面值砖塔胡同图、100元面值正阳门箭楼城楼图、100元面值故宫御花园图、100元面值天坛祈年殿图），汇集在《北京印花税票全册》的最后。

7.5 徽州古村落印花税票

2010年发行了徽州古村落印花税票，一套9枚，图案采用王焘先生的"徽州古村落"绘画为题材，各面值（图名）分别是：1角（徽州古村落·乡居耕闲）、2角（徽州古村落·水口牧归）、5角（徽州古村落·廊桥渔歌）、1元（徽州古村落·戏台听曲）、2元（徽州古村落·老街问市）、5元（徽州古村落·牌坊仰贤）、10元（徽州古村落·书院师儒）、50元（徽州古村落·祠堂追远）、100元（徽州古村落·古村风和）。徽州古村落印花税票打孔尺寸为50毫米×38毫米，每版20枚，每版成品尺寸：240毫米×220毫米。整版票左右两边出孔到边。图案右下侧印有"CHINA中国印花税票"，底部印有"2010（9—X）"，表明2010年版和按票面金额从大到小的顺序号。印花税票每种面值的包装均为每张20枚，100张一包，5包一箱，每箱计1万枚（20×100×5）。

概况："中国徽州古村落印花税票"首次是在安徽省会合肥公开亮相的，为我国第一套以地方素材为主题成套发行的国版印花税票。此套印花税票全套九枚。

图案：徽州"古村落（古村风和）"；"古祠堂（祠堂追远）"；"古书院（书院师儒）""古牌坊（牌坊仰贤）"；"古街市（老街问市）"；"古戏台（戏台听曲）"；"古桥梁（廊桥渔歌）"；"古水口（水口牧归）"；"古民居（乡居耕闲）"9个类型建筑的文化遗存。

特点：在选材上开创了我国以地方素材为主题成套发行国版印花税票。

首次采用三枚一组的"三连张"形式，在设计上，安徽省地税局邀请了大批国内徽学专家、徽州古建筑专家、印花税票设计印制专家和美术家，从历史价值、艺术价值等角度，反复斟酌、数易其稿，撷取古皖精华，挖掘历史内涵，对徽州古村落建筑进行了全景式的文化扫描，让人们在方寸之间，直观地了解中华文明的奇葩——徽州文化，并生动地再现了厚重的徽派建筑文化的遗存。

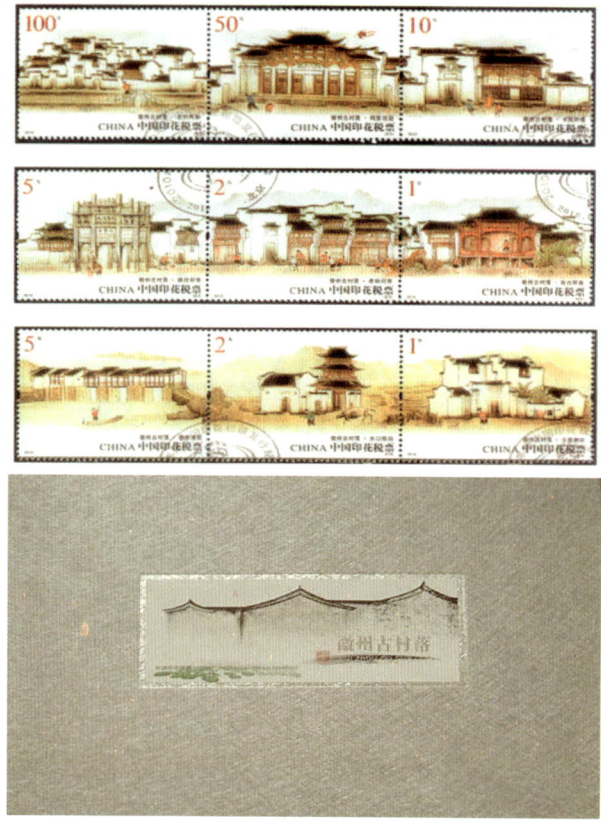

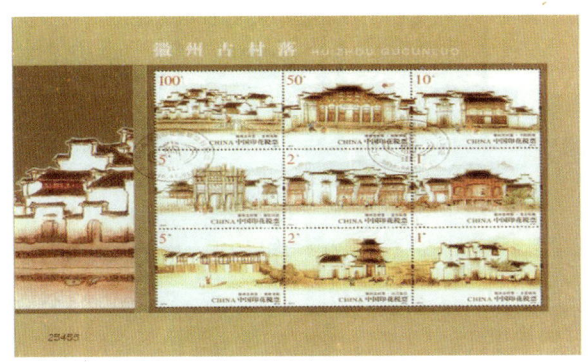

1. 防伪措施

这套印花税票采用了6色影写凹版印刷、红色防伪油墨、在左右两边居中位置有椭圆形异形齿孔、第二代彩色荧光点防伪邮票纸印制、每版右下角有6位连续喷墨号码等。

2. 取材

徽州有那么多著名内容可以进入税票,为何独选"徽州古建筑"呢?最主要的原因是这套税票的名称虽然叫作《徽州古村落》,然而,要在税票上形象地、栩栩如生地展示徽州古村落,还是要落到"徽州古建筑"上,"徽州古村落"就是由进入该套税票画面的诸多"徽州古建筑"所组成的。

为了还原大徽州概念,本套税票选题取自古徽州的一府六县。

绩溪的祠堂

婺源的廊桥

祁门的戏台　　　　　　　　休宁的老街

黟县的村落和书院

第 7 章 改革开放后地方发行的印花税票

歙县的牌坊

通过对徽州古建筑全景式的文化扫描，撷取其精华，让人们在方寸之间直观地了解徽州文化，开创了我国以地方素材为主题成套发行国版印花税票之先河。

首用"三连张"

徽州田园

古村风和100元　　祠堂追远50元　　书院师儒10元

徽州街市

中国印花税与印花税票史

牌坊仰贤5元　　　老街问市2元　　　戏台听曲1元

徽州村落

廊桥渔歌5角　　　水口牧归2角　　　乡居耕闲1角

同时，此印花税票也首次采用三枚一组的"三连张"形式，极大地拓宽了票面的艺术表现空间和审美视野。

1角版——乡居耕闲

徽州民居多为砖木结构式楼宅，屋顶为双披式，墙头则为翘首长空的"马头墙"，色彩淡雅，地域特色鲜明。较著名的有潜口民宅、西溪南老屋阁、屯溪程氏三宅等全国重点文物保护单位。

2角版——水口牧归

水口是指村落水流出口,在徽州人传统观念中,水是财富的象征,设立水口是为了增加"锁钥"气势,留住财气。在此观念影响下,水口成为一处"父老兄弟出作入息,咸会于斯"的公共绿地。

5角版——廊桥渔歌

徽州廊桥亦称桥屋,在桥梁上建廊造屋,桥面两侧设围栏和美人靠,桥上置石桌、石凳,供过往行人遮风避雨、休憩游宴。徽州廊桥多融于山水、建筑群和园林之中,多姿多彩,饶有画趣。

1元版——戏台听曲

徽州戏台是徽州民间节庆、仪典的中心，多设在祠堂内，与门屋结合。戏台装饰华丽，上设圆形藻井，以增强唱戏时的声响效果。其中，较著名的有全国重点文物保护单位祁门古戏台群。

2元版——老街问市

徽州街市多临水而建，街面两侧商铺林立、字号云集，店面多呈"前街后坊"的格局，均为砖木结构。徽州街市最著名的是中国历史文化名街屯溪老街，还有歙县鱼梁老街、休宁万安老街等。

5元版——牌坊仰贤

徽州牌坊现存大多为石坊，按功能分为表彰官绩显赫、孝行义举、贞女烈妇的旌表坊和立在府邸、书院、祠堂门道前的题名坊。著名的有许国石坊、棠樾牌坊群等全国重点文物保护单位。

10元版——书院师儒

徽州自古文风昌盛，有"十户之村，不废诵读"之说。徽州书院初创于北宋、兴盛于明清，明清时期徽州境内共有书院六十四所，其中以宋代朱熹创办的紫阳书院最为著名。

50元版——祠堂追远

徽州祠堂是祭祖的圣坛，也是族人议事、教化的场所，分为宗祠、支祠和房祠。徽州祠堂建筑美轮美奂、宏伟壮丽，是徽州古代建筑艺术的代表。

100元版——古村风和

徽州古村落为集居型村落，具有依山傍水、随坡就势的特点，多以宗祠为中心，强调"天人合一"。绿树掩映，粉墙黛瓦，曲径通幽，反映出徽州独特的地域美饰倾向。

三个先河：其一，《徽州古村落》开了"地方基层税务部门成功申请国家印花税票选题并被完全采纳"的先河。我国国版印花税票的发行，有着非常严格的制度，原则上每一到两年才发行一套；印花税票的选题与制作，均由国家税务总局实施。而《徽州古村落》印花税票的选题，则是由安徽省地方税务局提出申请，不但破例入选，而且还非常幸运地被列为2010年度发行的成套国版印花税票，实属罕见，史无前例。其二，《徽州古村落》中国印花税票，开了"国版印花税票成套发行地方题材"的先河。

在《徽州古村落》之前，这种纯地方题材选题的中国印花税票，从来都未发行过一套。同时，《徽州古村落》中国印花税票，也开了"'徽州古村落'首次登上国版印花税票"的先河。其三，《徽州古村落》中国印花税票，开了"中国印花税票史上三枚一组的'三联张'的联票形式"的先河，此前从未出现过。

7.6　陕西民间工艺美术印花税票

新中国成立70年来陕西地方题材第一次登上中国印花税票的舞台，2011年，陕西也成为继北京、安徽之后第三个发行地方题材印花税票的省份。陕西民间工艺美术印花税票充分体现出陕西地区劳动人民的智慧和情操，是陕西民间工艺美术的集中代表。其分别选用了凤翔坐虎泥塑、西秦双喜枕顶刺绣、五毒蛙形枕布艺、面花、宝鸡马勺脸谱、安塞农民画十二属相狗、旬邑剪纸、陕西东路皮影、凤翔木版年画门神方相9个陕西省民间工艺美术作品。

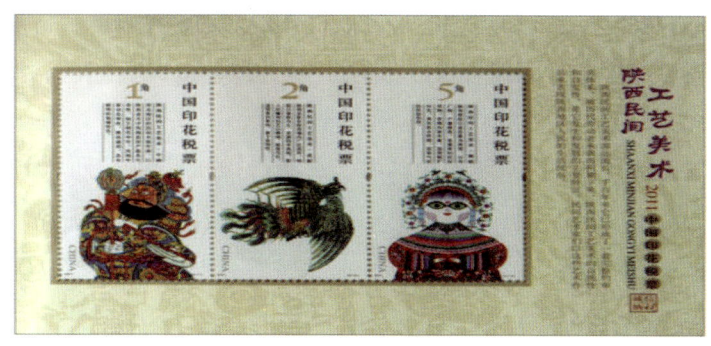

陕西民间工艺美术印花税票由2011年开始发行,是新中国成立60年来陕西地方题材第一次登上中国印花税票的舞台,陕西也成为继北京、安徽之后第三个发行地方题材印花税票的省份。

本套印花税票一套共9枚,各面值(图名)分别是:1角(陕西民间工艺美术·年画)、2角(陕西民间工艺美术·皮影)、5角(陕西民间工艺美术·剪纸)、1元(陕西民间工艺美术·农民画)、2元(陕西民间工艺美术·马勺)、5元(陕西民间工艺美术·面花)、10元(陕西民间工艺美术·布艺)、50元(陕西民间工艺美术·刺绣)、100元(陕西民间工艺美术·泥塑)。造型直率、自然、生动、亲切,在地域上跨越了陕北、关中、陕南,充分体现出陕西地区劳动人民的智慧和情操,是陕西民间工艺美术的集中代表。

印花税票选择9个陕西民间工艺美术作品作为图案,一是希望通过印花税票这一载体介绍中国民间工艺美术作品,弘扬地方民间艺术,展现中国民间传统文化的独特魅力;二是借2011西安世园会之势,让全世界进一步了解陕西的民俗文化。

种类:

(1)面值1角:主图为凤翔木版年画门神方相,位于陕西省关中平原西部的凤翔县,是我国知名的木版年画产区。据凤翔县南肖里村邰氏祖案记载,明正德二年前,邰氏家族已有八户从事年画生产,至今已传承延续了20代。至1950年,凤翔木版年画尚有690多种,分门画、十美画、风俗画、戏剧故事画、神码画五大类,最盛时年产销量达600万张。凤翔木版年画全以手工雕版,土法印制,局部手绘染填,套上

金银二色，色彩对比强烈，造型饱满夸张，保留了古版年画古朴自然的艺术风格。它数百年间流行于陕、甘、宁、青、川广大地区，深受民众喜爱。

20世纪六七十年代，凤翔年画濒于灭绝。1978年后，"西凤世兴画局"第三代传承人邰怡，主持成立了凤怡年画社，对流散民间的版画古样进行挖掘、整理、研究和复制，重新恢复了凤翔木版年画这一古老的民间传统艺术。

（2）面值2角：图中所显示的工艺为陕西皮影戏，陕西皮影戏起源于汉代以前。《海阳竹枝词》中有首描写皮影戏演出的诗："张灯作戏调翻新，顾囊徘徊知逼真；环佩姗姗连步稳，帐前活见李夫人"（汉武帝李夫人）。这是皮影戏的初级阶段，鼎盛期为唐代。

相传汉文帝时代（公元前179~156年），太子刘启出生后啼哭不止，整皇宫为此苦恼不堪。一次，一个宫女偶然发现年幼的太子盯着窗外树叶投在地上的影子出神，忘记了啼哭，并高兴得手舞足蹈。于是，宫女们用树叶剪成各种人形、动物的道具，用灯光投影在白布上哄逗太子开心。由于树叶很快就会干枯，保存时间太短，后来宫女们发现用牛皮做成的道具韧性好、易保存、易收藏，皮影由此而生。

（3）面值5角：图中展示的工艺为旬邑彩贴剪纸，旬邑彩贴剪纸，历史悠久，可以追溯到汉代以前，盛行于清代和民国时期。剪纸主要用于炕头、炕围、门窗的装饰等，发展到贴于门上、窑顶、箱柜、粮囤。后来旬邑农村嫁女、娶妻、逢年过节，家家都要剪彩贴剪纸，贴于室内显着位置，以增加节日喜庆气氛。剪纸艺人在剪纸时，一边创

作一边唱,其内容多为当地民间流传的戏曲故事、神仙传说等。

图样取材于库淑兰的剪纸作品——《剪花娘子》,库淑兰小名猴桃儿,出生于一个贫苦农民家庭,库淑兰从小跟着父亲逃荒要饭。四岁缠脚,六七岁开始跟随母亲学习剪纸,17岁时出嫁,婚后闲时继续剪纸。1985年,库淑兰不甚跌落入家门前的山崖,昏迷几天醒来后开始了以"剪花娘子"为主题的剪纸创作。她的剪纸构图大胆、颜色鲜丽,用"剪、贴、衬"三种手法创造出独有的彩色剪贴纸,突破了以往传统剪纸的颜色、题材限制。

传统剪纸:旬邑芳芳剪纸——牛耕图

(4)面值1元:图为安塞农民画十二属相狗,安塞农民画是陕西省安塞县的汉族民间绘画艺术。顾名思义,是农民自己画的画。安塞有民间画家千余人,他们都以农家妇女为主。在劳动之余,用画笔描绘新生活反映新生活,取得了巨大成就。安塞农民画构图奇美,想象力丰富,手法大胆,色彩效果十分明显,具有独特的艺术效果,被誉为"东方的毕加索"。

(5)面值2元:图为宝鸡马勺脸谱,马勺脸谱是陕西传统特色手工艺品,属于宝鸡社火脸谱的一种,在陕西民间,春节至今仍有耍社火的习俗。凤翔民间社火马勺脸谱简称马勺脸谱,是在继承西府民间社火脸谱的基础上发展的一种新兴的民间手工艺术品,由中国民间社火脸谱演化而来。当地民众将神话故事中的人物形象彩绘于马勺之上而因此得名。马勺采用树材,制作简便,历代农家乡民必备。彩绘简繁皆宜,人们将其悬挂厅堂居室用于扶正祛邪,镇妖降怪,表达祈福纳祥、招财进宝的美好愿望,因而马勺脸深得

人们喜爱和崇尚。经现代民间艺术工作者的继承和发展，马勺脸谱成为传统民间艺术中的珍品。

历史上马勺实际是用来喂马的器具，圆形用来盛水，长形用来添加饲料。社火常被人们叫作"看戏"，即"哑剧"。社火角色的表演者是以舞台亮相的形式进行游展，观众对扮相角色的辨认靠的是脸谱。社火脸谱是以人物的容貌和性格特征出发，用日月纹、火纹、旋涡纹、蛙纹等纹饰的不同组合表现人物的性格；以色彩辨识人物的忠、奸、善、恶，红为忠，白为奸，黑色为正，黄为残暴，兰为草莽，绿为仪侠、恶野，金银为神妖。宝鸡社火脸谱，以它悠久的历史，成为陕西春节期间民俗活动的最亮点。

（6）面值为5元：面花，俗称"花花馍"，属面塑艺术。其种类有婚礼、丧礼、寿礼、节日花馍。面花以普通面粉为蕊，特等面粉为皮，借用针、梳、刀、剪等工具，靠捏、剪、修、缀而成。

面花起源于传统民间祭祀活动，据宋代高承《事物纪原》一书记载，诸葛武侯征讨孟获时，有人说，蛮人多邪术，须用人头祭神，可借阴兵相助。诸葛武侯则用面包着牛、羊、猪肉做成人头形状，用以祭神，从此有馒头之说。因此，中国民间面花起源于汉代，它是用为礼祭品出现的。

（7）面值10元：图为五毒蛙形枕，布艺即指布上的艺术，是古时期中国民间工艺中的一朵瑰丽的奇葩。中国古代的民间布艺主要用于服装、鞋帽、床帐、挂包、背包和其他小件的装饰（如头巾、香袋、扇带、荷包、手帕等）、玩具等。以布为原料，集民间剪纸、刺绣、制作工艺为一体的综合艺术。如动植物身上的装饰性花卉等，都是通过剪和绣的工艺制作而成。

五毒耳枕，在枕头的中心还挖一个耳窝，幼儿睡觉时耳朵放在里面不受压起到了保护作用，青蛙来保佑老人孩童安康，并把它作为礼品赠送亲友。

（8）面值50元：图中展示的民间工艺为陕西刺绣，陕西民间刺绣主要运用在传统婚俗里和大量儿童服饰上，在洞房中可看到姑娘们在出嫁前用几年功夫精心制作的各种绣品。做工精细讲究，图案新巧的花鞋垫，成为闺秀和新娘寄托情思的"信物"，有的图案中套上工整的"正字"，这是希望自己的恋人能走正路的高尚情操。而那绣满吉庆图案方绣花枕，则是年轻女子必备的嫁妆。

（9）面值100元：图为凤翔坐虎泥塑，凤翔彩绘泥塑为陕西省凤翔县的一种民间美术，当地人称"泥货"。凤翔县位于关中平原西部，境内出土的春秋战国及汉唐墓葬中均有泥塑的陪葬陶俑，可见其泥塑工艺历史之久。近年来凤翔彩绘泥塑主要分布在城关镇六营村及周边地区，相传明代曾在此驻扎六营军队，后军士转为地方居民，其中部分人重操入伍前的陶瓷制作手艺，利用当地粘性很强的板板土，和泥捏塑泥人，制模做偶彩绘，然后到各大庙会出售。当地老乡购泥塑置于家中，用以祈子、护生、辟邪、镇宅、纳福。六营村的脱胎彩绘泥偶由此出名，并代代相传，成为我国民间美术中独具特色的精品，在国内外享有盛誉。

坐虎前腿立后腿坐，形态极度概括，但不失虎的神韵。面部紧凑，耳朵夸大，显其威严。躯体饰以莲花、牡丹等纹饰，浓艳大方，很富有观赏性。

7.7 闽构华章印花税票

福建传统建筑是福建文化融汇了古代闽越文化、中原文化、海洋文化，并受外来文化影响，形成福建历史文化的最重要实物载体，有的已列入《世界文化遗产名录》《世界非物质文化遗产名录》，还有的已列为全国重点文物保护单位。福建历史底蕴深厚，文化多元并蓄，具备设计发行印花税票的优秀题材。2012年5月，福建省地税局陈青文局长提议向国家税务总局申请推荐采用福建传统文化，作为2013年中国印花税票题材，借此平台宣传福建。随后，福建省地税局组建了申办团队，着手各项工作。

2013年12月13日，福建省地税局、福建博物院协作举行《闽构华章——2013中国印花税票》赠送收藏仪式。国家税务总局收规司、中国邮政集团邮票印制局领导和相关专家出席了仪式。该版印花税票是一套反映福建传统经典建筑题材的印花税票，国家税务总局已于2013年11月27日发布公告，正式开始面向全国发行，这是继安徽、陕西之后，第三套以省域地方特色为题材的国家版印花税票。2013年版印花税票《闽构华章》共发行6550万枚。

《闽构华章——2013中国印花税票》以福建传统经典建筑为题材，遴选福建土楼、闽中堡寨、木拱廊桥、妈祖祖庙、红砖建筑、宗庙祠堂、石构宝塔、三坊七巷和客家楼阁9个不同时代的福建传统建筑典型，并取名"闽构华章"，系列地呈现了福建悠久历史、灿烂文化及与台湾血溶于水之关联，体现了闽南文化、客家文化、妈祖文化、朱子文化、船政文化等多元内涵的福建文化特色，进一步提升了福建传统建筑文化在全国乃至世界的知名度。这些建筑是福建文化融汇了古代闽越文化、中原文化、海洋文化，并受外来文化影响，形成福建历史文化的最重要实物载体。

该套印花税票的画稿是由徐志坚教授团队绘画的，采用了别具一格的双面着染重彩技法，通过大面积的留白强调建筑及其环境的外形特征和韵律美感，力求在充分还原建筑历史风貌的基础上，以大疏大密的肌理变化和色层分离的特殊技法增强画面的装饰韵味，充分展现闽地风物的清丽和明媚。这种技法的巧妙运用，既适应了印花税票幅面较小的特点，也为历史建筑这一题材的表现形式开创了新的视觉语言。这种图式绘制在我国印花税票上使用尚属首次，在印花税票的设计风格和题材表现上亦作出了大胆的创新和尝试。这套税票的创作，遇到的首要难题是建筑"横平竖直"的固有形态，对绘画的节奏韵律美感表达存在一定限制，而该税票的纪实性绘画又不允许有太多的造型变化，所以必须在图式语言上加以必要的艺术化处理，尤其是绘画肌理的疏密变化设计和色彩张力的发挥，以视觉兴奋的补充和转移打破某些固态的呆板。

针对历史建筑题材的"常理"，徐志坚教授团队在绘画语言上进行了新的尝试，主要采用了皴纸法和宣纸正面着色背面衬染相结合的技法，而面对税票印制幅面小的特征限制，通过大面积的留白强调建筑及其环境的外形特征和韵律美感，营造一种集中的、整体的艺术语境，同时采取大疏大密的肌理变化，以增强画面的节奏美艺术韵味，在绘画语言的具体把握上选择既明丽清晰又不呆板的方式。在力求保持建筑历史风貌的基础上，充分体现绘画的形式美。

在绘画语言的表现上，尝试融入了"炫彩"着绘和色层分离技法。"炫彩"利用矿物质金属的闪光特质，提高色彩的质感和张力；而色层分离技法，则是以色层之间互相分离而产生界痕的一种特殊技法，因为用笔之间互不含混，从而使绘画中的笔触或物象形态的界限更加鲜明，给视觉一种清晰的感受。

1. **上杭蛟洋文昌阁**

面值1角的税票，主图为上杭蛟洋文昌阁。上杭蛟洋文昌阁为多层木构楼阁式建筑，飞檐层叠，造型优美，风格迥异，体现了客家乡土建筑的特色。2006年其被列为全国重点文物保护单位。

2. **福州三坊七巷**

面值2角的税票，主图为福州的三坊七巷。三坊七巷保留了中国唐代延续至今的城市街巷格局及士绅阶层物质和精神生活的人文环境，是中国传统坊巷制度的活化石，是中国古代城市住区肌理和城市景观的突出例证。2009年，三坊七巷成为首批中国十大历史文化名街之一；2011年被列为首批中国社区博物馆试点；2012年被列入《中国世界文化遗产预备名单》。

3. 莆田湄洲妈祖庙

面值5角的税票，主图为莆田湄洲的妈祖庙。湄洲妈祖庙建筑群中的寝殿，是北宋雍熙四年（987年）所建，是世界上第一座妈祖庙，也是所有妈祖庙之"祖"源，虽经明、清、民国及近代历次重修，现存建筑仍然保持着明代格局和清代风格。2009年，"妈祖信俗"被列入世界非物质文化遗产。

4. 泉州东西塔

面值1元的税票，主图为泉州东西塔。福建古石塔不仅在材料与结构上仿木建造，而且在塔上的石刻、浮雕等方面呈现出极高的技艺，精致异常，是中国石构建筑的奇葩。2012年，泉州东西塔被列入《中国世界文化遗产预备名单》。

5. 南靖田螺坑土楼群

面值2元的税票，主图为南靖田螺坑土楼群。福建土楼是造型独特的生土建筑杰作，是中国传统民居的瑰宝。土楼或圆形或方形，规模巨大，以夯土筑成，高达四或五层，呈现了"大家庭、小社会"的家族式聚居与防卫模式，在世界上绝无仅有。南靖田螺坑土楼群是其中的典型土楼之一，2008年被列入世界文化遗产名录。

6. 屏南万安桥

面值5元的税票，主图为屏南万安桥。屏南万安桥为木拱廊桥，桥拱采用"编木"技术，以杉木双层交错搭接成桥梁，使短木实现长跨成为可能，是建筑技艺的巅峰之作。拱上的廊桥，不仅满足了交通需要，还兼具休憩、社交、祭祀、标志、观赏等社会功能。2012年屏南万安桥被列入《中国世界文化遗产预备名单》。

7. 永安安贞堡

面值10元的税票，主图为永安安贞堡。福建土堡主要分布在闽中的永安、大田、尤溪。这些土堡是福建山区形式独特、依势而建的防御性建筑，造型多样且坚固、壮美，具有极其有效的防御性能。2001年永安安贞堡被列入全国重点文物保护单位。

8. 南靖塔下张氏祠

面值50元的税票，主图为南靖塔下张氏祠。福建祠堂是福建人民依血缘为纽带聚族而居，奉祀列祖列宗神主牌位的仪典性场所，往往精雕细作，堪称村落、集镇或一个区域最为核心的公共性建筑精品。2006年南靖塔下张氏祠被列为全国重点文物保护单位。

规格

2013年版印花税票打孔尺寸为50mm×38mm，齿孔度数为1313.5度，每张25枚，每张成品尺寸为300mm×230mm，整张票左右两边出孔到边。图案左下角印有"2013"，右下角印有"（9—X）"，表明版别和按票面金额从小到大的顺序号。

印花税票每种面值的包装均为每张25枚，100张一包，4包一箱，每箱计10000枚。

税票防伪措施

（1）采用6色影写凹版印刷；

（2）采用特制红色防伪油墨；

（3）采用椭圆异形齿孔，左右两边居中；

（4）采用100g/m^{2}防伪荧光点邮票纸；

（5）每版税票右下角喷7位连续墨号。

特点

税票图案采用了别具一格的双面着染重彩技法，通过大面积的留白强调建筑及其环境的外形特征和韵律美感，力求在充分还原建筑历史风貌的基础上，以大疏大密的肌理变化和色层分离的特殊技法增强画面的装饰韵味，展示了闽地风物的清丽和明媚。

这种图式绘制在我国印花税票上是首次使用，在印花税票的设计风格和题材表现上亦做出了大胆的创新和尝试。

9. 南安蔡氏古民居

面值100元税票的主图为南安蔡氏古民居。南安蔡氏古民居以红瓦、红砖墙、红地面与精美的砖雕、灰塑、木刻等交相辉映，雍容华丽，闻名于世。其特有的空斗墙体，"出砖入石"的建筑技艺，用红砖砌成的万字形、寿字形、菱形、八角形、双环金钱形等吉祥图案，无不构成鲜明的闽南传统建筑特色。2012年南安蔡氏古民居被列入《中国世界文化遗产预备名单》。

7.8　岭南钩沉印花税票

2014年中国印花税票"岭南钩沉"一套9枚，以岭南文化为主题，遴选了9个呈现岭南文化特质和内涵的典型历史场景，展现了岭南文明开端、与中原文化逐步融合、繁荣发展和走向世界的历史进程，面值分别是1角、2角、5角、1元、2元、5元、10元、50元和100元，图名分别为马坝史光、百越衍蕃、南越肇建、广信初开、冼太安民、南华禅音、梅关古道、海上丝路、侨贯，内含印花税票9枚，小全张1枚，小型张1枚，小版张1枚，特种纪念票2枚，小本票1本。

该版印花税票共发行6550万枚。

具体的票面图案由著名当代艺术家、票证设计师郭承辉先生手绘设计，版式设计灵感来自中国宋代木刻版元素。整套票以"汉画像砖"风格的手绘加上现代象征主义风格设计，票面配有文字注解，图文并茂，相得益彰。再配以著名篆刻大师钟国康亲力之作的9枚中国印篆为点缀，集诗、画、印等为一体。每枚印花税票与众不同，整体不失古雅清新，含蓄又充满书卷气。

两枚特种纪念票极具艺术性。

"潮州广济桥"

"鼎湖山"

这套印花税票是首次以地域文化发展为主线贯穿整套的中国印花税票，首次由绘画、设计同为一人的本地创作者完成税票（册）的创作，首次票面采用篆刻印章，将税收文化与岭南文化完美地结合在一起，使集藏者既能鉴赏岭南文明精髓，又能了解印花税发展沿革，具有丰富的文化内涵，令人耳目一新。

1. 马坝史光

旧石器中期至新石器时代，韶关马坝狮子岩一带已存在古人类与古文明，是岭南文明之发端。作者以交织的曲线组合成"洞窟山水"的象征性构图，描绘了一幅寂寥、洪荒的原始丛林景象，呈现了马坝智人与万物和谐共存的画面。

2. 百越衍蕃

岭南土著百越族勤农耕、善渔猎,习俗异于中原。秦汉后渐与汉族同化,或繁衍为南方少数民族。作者以"日夜辉映,海田一色"的创意,描绘了一幅岭南沿海生活的美景。

3. 南越肇建

秦南海郡尉赵佗始建南越国,采取"和集百越"政策,促进汉越文化交融,开创岭南统一局面。作者以屋顶的图形象征"房屋宫殿",充满想象地将南越建国登基之盛事浓缩为一景,鼓乐齐鸣。

4. 广信初开

两汉广信地处岭南交通要冲，为中原文化与海外文化交汇之地，涌现出有突出贡献的政治文化精英。作者以"朱雀""祥云"的创意构图，充满神话色彩，把西江、贺江相交汇，东西两岸、两广的生活融入画中。

5. 冼太安民

冼夫人为俚人首领，历经梁、陈和隋朝，治乱安民，力主汉俚融合，维护岭南稳定与民族和睦。作者将冼夫人比作民众心中的"小太阳"，守护一方百姓，冼夫人英姿飒爽，策马张弓，身后一片风和日丽、安逸和谐的村庄美景。

6. 南华禅音

唐惠能在宝林寺（今南华寺）弘法，倡顿悟法门，创南派禅宗。《六祖坛经》是唯一称"经"的中国佛学著作。作者用"彩虹"的弧形象征闪耀智慧的佛光，画面中菩提树映衬着六祖惠能，营造出充满禅意的空灵意境。

7. 梅关古道

梅关是唐宋中原通往岭南的要隘兼税关,被誉为"岭南第一关",与珠玑巷相连,成为岭南宗族记忆的象征。作者以"古道黄昏"的意境,表现了梅关古道的历史沧桑之美。

8. 海上丝路

海上丝绸之路是秦汉以来中外经贸、文化交流的重要通道。南海神庙、南海Ⅰ号和广州十三行是其重要史证。作者用"水波曲线"象征波涛翻腾的海水,重现了广州古港繁盛延绵的海上贸易,意韵悠远。

9. 侨贯东西

岭南人远涉重洋，足迹遍布世界，形成独特的侨乡与华侨文化，促进了中外文化交流和岭南文化发展。作者用"月是故乡圆"的立意，以圆月为画面主体，将故乡田原景色设为此岸，与大洋彼岸遥遥相望，衬以舞龙舞狮的节庆画面，表达了"每逢佳节倍思亲"的浓郁情怀。

《岭南钩沉》是我国首次整套以地域文化为票面主题的印花税票，纵贯岭南历史数万年，承载着诸多文化艺术元素，是税务文化与岭南文化完美结合的典范。这是继安徽、陕西、福建之后第四套由地方选题申报国家统一发行的印花税票，由广东省地税局和广州市地税局承办。

7.9 荆关楚市印花税票

2016年印花税票"荆关楚市"最近颇受关注。"荆关楚市"印花税票一套9枚，票面分别为神农兴耕、青铜铸币、金节通关、南船北马、草市列肆、粮盐贡赋、万里茶道、汉口开埠和荆楚三关。9枚印花税票以清晰的线索、绚丽的风格，勾勒出荆楚之地经济税收发展脉络，展现了荆楚地区在中国财税史上的重要影响，凸显了荆山楚水深厚的历史文化底蕴。

第 7 章　改革开放后地方发行的印花税票

荆关楚市印花税票自2016年12月22日起启用，税票发行5500万枚。其中，1角票、2角票、5角票各200万枚，1元票900万枚，2元票600万枚，5元票2000万枚，10元票1000万枚，50元票和100元票各200万枚。印花税票以"荆关楚市"为题材，一套9枚。1角面值图名为《荆关楚市·神农兴耕》、2角面值图为《荆关楚市·青铜铸币》、5角为《荆关楚市·金节通关》、1元为《荆关楚市·南船北马》、2元为《荆关楚市·草市列肆》、5元为《荆关楚市·粮盐贡赋》、10元为《荆关楚市·万里茶道》、50元为《荆关楚市·汉口开埠》、100元为《荆关楚市·荆楚三关》印花税票图案右侧印有"中国印花税票"字样，左侧印有各面值图名；右上角印有面值，左上角有镂空篆体"税"字。各枚印花税票底边右侧按票面金额从小到大印有顺序号（9—X），左侧印有"2016"字样。《荆关楚市》印花税票图稿由著名画家、国家一级美术师、广州市美术家协会原主席卢延光创作。9枚印花税票以清晰的线索、绚丽的风格，勾勒出荆楚之地经济税收发展脉络，展现了荆楚地区在中国财税史上的重要影响，凸显了荆山楚水深厚的历史文化底蕴。

《荆关楚市》中，"关"指关口，引申为税关、征收关税的机构和组织；"市"指集市、市场，引申为贸易和社会经济。《荆关楚市》印花税票，力求全面反映历史上荆楚地区关市和经贸的盛况。

《荆关楚市》9枚印花税票形成完整的体系。"神农兴耕""青铜铸币""金节通关"展现远古神农开创农业文明、先秦楚国冶炼铸造青铜货币、货运队伍凭金节在楚国免税通关的场景；"南船北马""草市列肆""粮盐贡赋""万里茶道"表现秦以后各代荆楚地区逐渐成为水陆交通枢纽、民间集市日趋繁荣，以及明清之际荆楚粮、盐、茶等产品在经济中的重要地位；"汉口开埠""荆楚三关"则呈现了近代荆楚地区走向开放、融入世界贸易版图的进程。9枚税票既串联出清晰的经济税收发展脉络，也勾勒出楚地历史文化的发展脉络，蕴含着较高的文化价值。

1. 神农兴耕

炎帝神农氏与黄帝轩辕氏一起，并称为中华文明两大始祖。《白虎通义》载："古之人民皆食兽禽肉，至于神农，人民众多，禽兽不足，于是神农因天之时，分地

之利，制耒耜，教民劳作，神而化之，使民易之，故谓神农也"。

据载，神农氏出生于湖北随州厉山，厉山所在之地，北有桐柏山脉，乃淮河发源地，西南有大洪山脉，汉水襟带，平原岗地绵延。出桐柏山即淮河流域，出大洪山即江汉平原。古之"随枣走廊"，农业条件优越，神往远古的神农在这一地区筚路蓝缕躬身开创。神农氏尝百草、辨五谷、创农耕、兴水利、植桑麻、作纺织、糅陶器、辟集市，百业渐举，被奉为华夏文明的始祖。

2. 青铜铸币

在《史记·司马相如列传》中，司马迁不吝笔墨形容上古楚国的地大物博。

楚国的平原、广泽、丘陵和崇山中，有着"丹青赭垩、雌黄白坿、锡碧金银、赤玉玫瑰"以及"神龟蛟鼍、瑇瑁鳖鼋、宛雏孔鸾、兕象野犀"，甚或"蕙圃衡兰、江离蘪芜、莲藕菰芦、桂椒木兰"等等足以让人千古怀想的奇珍。

无论是春秋五霸还是战国七雄，楚国的富饶是其他诸侯国难以企及的，也最早产生了专管贸易集市的朝廷官员"市令"。

考诸历史，楚国的铜矿资源富甲天下，冶炼技术精湛发达，铸造的青铜货币"蚁鼻钱""楚布"等，作为市场流通、收取商税以及财富的象征，是先秦列国中发行量最大、使用最广的货币。

3. 金节通关

楚国的市令在水陆要冲之地设置的权关，成为最早的征税机构。公元前300年，楚国的权关已达20余处。1957年和1960年两次出土的"鄂君启铭文金节"，即通关的凭证，有舟节两枚，车节三枚。因为是用铜

铸造，文字错金，形似劈开的竹节，故称"金节"。金节铭文中可以看到水路、陆路交通运输的路线、车船大小与数量、运输货物的数额种类，以及禁运货物和纳税、免税情况。

4. 南船北马

唐人有诗赞誉荆楚地区"水立千帆市，山趋万马关"，遇水行船，逢山走马。春秋以降，逮至明清，湖北境内的水陆交通一直四通八达。

随着秦统一中国，中央政权几乎全部建立在北方，在长安即近700年之久。南方物资经长江进入汉江运抵襄阳，再换成马帮或骡车穿越巴山秦岭而北抵长安、洛阳，使得襄阳取代荆州成为南北交通枢纽。

时至今日，湖北依然有"九省通衢""中部立交桥"的美誉。

5. 草市列肆

商业活动虽从未停止，但商业规则却随时代变迁而不断更改。唐初，朝廷实行严格的坊市制度，规定凡官府设置的市，必置市司，州县不得置市，但执行中一直遭遇到阻力。

中唐以后，随着经济发展，各州县非官方的商市纷纷涌现，荆楚地区尤为突出。为区别于官市，民间集市称为草市。北宋建国以后，于开宝三年给予草市合法地位，民间商业活动因此进入繁荣发展期。

6. 粮盐贡赋

明清时期，农作物"两熟制"的推广，荆江大堤的修筑，使"万里长江，险在荆江"的

民谣成为历史，江汉平原继江浙杭嘉湖平原后成为中国最为富饶的鱼米之乡，人们开始接受"湖广熟、天下足"的说法。

在漕粮和盐引经济的支撑下，汉口逐渐超越江陵、襄阳、鄂州等荆楚地区的商业城市，以及长江流域的其他商都，一跃成为长江流域最为重要的财经重镇，并与河南朱仙镇、江西景德镇、广东佛山镇并称为天下四大名镇。

7. 万里茶道

相传神农最早发现了茶叶，"茶圣"陆羽（今湖北人）则写出了世界文明史上第一部茶叶专著《茶经》，茶成为中华国饮。

两个世纪前，茶叶作为大宗商品的出口，在中外贸易史上写下了辉煌的一页。湖北羊楼洞作为茶叶原产地，是始于茶叶聚散地汉口，终于俄罗斯圣彼得堡的万里茶道重要站点之一。

150年前，羊楼洞这个鄂南秀丽山水中不足万人的小镇，有德、俄以及晋粤川陕诸多商人建造的茶庄二百余座，生产的青砖茶深受亚欧诸多国家的欢迎。一箱箱的青砖茶从这里运往汉口，然后走汉水、渡黄河、过张家口，经蒙古高原至乌兰巴托，而后穿越西伯利亚、莫斯科抵达圣彼得堡，这条万里茶道，将荆楚以及其他地区的青砖茶、红茶、黑茶等销往欧洲，成为中国在欧亚大陆上开辟的又一条贸易之路。

8. 汉口开埠

鸦片战争之后，西方列强由沿海向内陆扩展他们在中国的贸易版图，长江贸易中枢汉口成为首选之地。

1861年起，英、美、法、德、丹麦、荷兰、西班牙等国先后与汉口通商，西方商人在

此开洋行、设银行、办工厂、辟航运、建学堂，极一时之盛。与此同时，武汉也迅速成为中国近代洋务运动的中心之一。

汉口开埠使"四大名镇"之一的汉口从一个内陆商品集散地转变为外向型通商港口。

武汉因汉口开埠而率先接受了西方近代文明，既充满屈辱，又开创了新纪元。

主要参考文献

［1］王平武、徐惠恩：《中国印花税票总目录》，中国税务出版社2001年版。

［2］王乔、饶立新、曾耀辉：《中华人民共和国印花税票图鉴》，人民邮电出版社2009年版。

［3］饶立新、曾耀辉：《中国印花税与印花税票》，中国税务出版社1999年版。

［4］王乔、曾耀辉、黄思明、戴丽华：《中外印花税与印花税票比较研究》，中国财政经济出版社2018年版。

［5］包伟明：《中国印花税资料汇编》，上海市浦东新区税务学会1997年版。

［6］段志清、潘寿民：《中国印花税史稿》，上海古籍出版社2007年版。

［7］中国第二历史档案馆、江苏省中华民国工商税收史编写组编：《中华民国工商税收史料选编》第四辑（直接税·印花税）（下册），南京大学出版社1994年版。

［8］蔼庐：《印花税理论与实际》，《银行周报》1929年第13卷第21期。

［9］蔼庐：《印花税理论与实际（续）》，《银行周报》1929年第13卷第22期。

［10］蔼庐：《印花税理论与实际（再续）》，《银行周报》1929年第13卷第24期。

［11］沧水：《支票贴用印花税之当否》，《银行周报》1920年第4卷第40期。

［12］杜岩双：《我国印花税制史研究》，《直接税月报》1941年第1卷第4期。

［13］杜岩双：《遗产税之创办与印花税之改进》，《训练月刊》1941年

第2卷第6期。

［14］高秉坊：《国人对于印花税应有之认识》，《直接税月报》1941年第1卷第7期。

［15］高秉坊：《近年来我国税制之改革》，《财政评论》1939年第2卷第2期。

［16］高秉坊：《近年来中央税制之改革与动向》，《财政评论》1941年第6卷第1期。

［17］龚汝富：《近代中国国家税和地方税划分之检讨》，《当代财经》1998年第1期。

［18］官笃信：《一般地方税收困惫之原因》，《西康经济季刊》1943年第15—16期。

［19］慧观：《当前税收问题之商榷》，《申报月刊》1944年第2卷第10号.

［20］李玉：《晚清印花税创行源流考》，《湖湘论坛》1998年第2期。

［21］李向东：《清末民初的印花税》，《河南税务》2002年第24期。

［22］李向东：《印花税在中国的移植与初步发展（1903-1927）》，中国知网中国博士学位论文全文数据库，华中师范大学博士学位论文，2008年。

［23］刘秉麟：《中国税制之研究》，《经济学季刊》1930年第1卷第3期。

［24］刘不同：《论战时节约与税收》，《东方杂志》1939年第36卷第6期。

［25］刘慧宇：《论南京国民政府时期国地财政划分制度》，《中国经济史研究》2001年第4期。

［26］刘善初：《金元贬值与税收保值》，《银行周报》1949年第33卷第21期。

［27］刘增合：《清末印花税的筹议与实施》，《安徽史学》2004年第5期。

［28］刘增合：《清末禁烟时期的印花税》，《中国经济史研究》2006年第2期。

［29］铭礼：《印花税研究》，《银行期刊》1925年第2卷第13期。

［30］聂其宏：《税收与民力》，《财政研究》1937年第1卷第5期。

[31] 齐银昌：《印花税史》，《北方经济》2002年第2期。

[32] 饶立新：《中国印花税研究》，中国知网中国博士学位论文全文数据库，江西财经大学博士学位论文，2009年。

[33] 饶立新、曾耀辉：《清末民初引进西洋税制的尝试》，《涉外税务》2008年第8期。

[34] 时寒冰：《中国股市的乱源：疯狂的印花税》，《南风窗》2008年第10期。

[35] 宋翔：《支票与印花税》，《银行杂志》1923年第1卷第4期。

[36] 唐哲民：《关于几个税收问题的商榷》，《经济》1949年第3期。

[37] 唐庆增：《从租税原则上以观察中国之税制》，《财政评论》1939年第2卷第6期。

[38] 滕茂椿：《最近我国中央税收在华北之推行——印花税与货物税》，《河北省银行经济半月刊》1946年第1卷第3期。

[39] 惕斋：《几个印花税问题》，《商业月报》1947年第24卷第3期。

[40] 王建都：《中华民国时期的印花税》，《文史精华》2000年第4期。

[41] 王润生：《论税收》，《经济》1949年第1期。

[42] 王阳生：《论币制改革与税收》，《工商经济》1948年第2卷第6期。

[43] 王万甫：《中央与地方税收之划分》，《民族》1936年第4卷第7—12期。

[44] 吴大业：《改善印花税征收办法以增加税收减缓货币流速》，《经济评论》1948年第3卷第9期。

[45] 薛光前：《改良中国印花税刍议——介绍意大利前财政长史丹法尼之建议》，《财政评论》1940年第3卷第4期。

[46] 夏国祥：《中国近代税制改革研究（1900—1949）》，中国知网中国博士学位论文全文数据库，上海财经大学博士学位论文，2003年。

[47] 学志：《印花税之起源》，《浙江财政月刊》1936年第9卷第2期。

[48] 佚名：《英美税收与国民所得比较》，《中外经济拔萃》1938年第2卷第9期。

[49] 佚名：《香港战时的税收制度》，《经济丛报》1939年第1卷第24期。

［50］佚名：《地方税收制监督与整理——废除苛捐杂税之实行》，《政治成绩统计》1934年第7期。

［51］阎鸿声：《现行中央税制之研究》，《浙江财政月刊》1936年第9卷第3期。

［52］喻树奎：《印花税史纵横谈》，《财会月刊》1989年第1期。

［53］张柏香：《抗战期中如何增多地方税收》，《经济动员》1938年第11期。

［54］张生：《南京国民政府时期的印花税述评（1927—1937）》，《苏州大学学报（哲学社会科学版）》1998年第2期。

［55］陟崖：《支票贴用印花税》，《钱业月报》1921年第15卷第9期。

［56］周伯棣：《论我国现行的税制》，《银行通讯》1948年第29期。

［57］朱新谟：《印花税评议》，节选自《近代中国史料丛刊》，台北文海出版社1966年版。